人類行為與社會環境

Human Behavior and Social Environment

王淑楨、黃志成◎著

序

　　「人類行為與社會環境」是一門科際整合的科目，其內涵除了心理學、社會學之外，更延伸了哲學、文化人類學、發展心理學、社會工作的概念。學習本科之後，可以讓讀者瞭解到從出生到老年，個體身心發展與社會環境之交錯影響，進而能掌握個人所處環境的優勢，創造個人發展上之契機，充分發展個人之潛能。

　　本書共分為七章，第一章〈緒論〉描述行為的意義及分類、人類行為的理論基礎、人類行為的特質、環境的意義及種類、影響人類行為的因素、環境與行為互為影響、環境影響行為的定則、人類行為與社會環境研究方法及研究倫理議題。第二章〈嬰幼兒期〉，分別介紹發展的基本觀念、嬰幼兒的生理特徵、認知發展理論、情緒的概念、遊戲的分期、社會行為的發展特徵與需要、氣質、依戀、道德行為的發展、人格發展。第三章〈兒童期〉，撰寫內容分別為：赫威斯特的發展任務論、兒童的生理特徵、影響兒童人格發展的因素、發展理論、兒童期的幾個重要議題。第四章〈少年期〉，其內容為少年的涵義、赫威斯特的發展任務論、發展理論、生理發展特徵、情緒發展特徵、家庭環境對少年行為的影響、目前台灣社會對少年造成不利的影響、少年同儕團體形成的原因、少年的偏差行為、中途輟學、少年犯罪、抽菸、毒品、喝酒、霸凌、網路成癮。第五章〈青年期〉，撰寫內容分別為：赫威斯特的發展任務論、熙海的發展理論、相關理論、生理發展、心理發展、社會發展。第六章〈中年期〉，主要內容包括：赫威斯特的發展任務論、中年期的特徵、面對變遷社會中的議題。第七章〈老年期〉，描述赫威斯特的發展任務論、老化理論、身

體機能、心理特徵、社會發展、退休老化階段論、長壽之相關因子、
老人的需求。

　　本書撰寫的目的乃希望提供大學社工、社福等相關科系學生作為
上課的教科書或進修之參考書，此外，也提供準備報考社工師的考生
作為研讀的資料。

　　本書涉及內容相當廣，撰寫之時難免有疏漏或爭議之處，還企盼
先進、讀者不吝指正，則感幸甚。

王淑楨、黃志成　謹識

101年2月14日

目　錄

圖目錄

表目錄

Chapter 1

緒　論

　　本章的內容分三部分，首先介紹行為的意義、分類、理論基礎和行為的特質；其次介紹環境的意義及種類、影響人類行為的因素、環境與人類行為互為影響、環境影響行為的定則；最後則介紹人類行為與社會環境研究方法和研究倫理議題。

一、行為的意義

　　行為是指個體面對環境所做的反應，舉凡一切外在的活動，諸如語言、表情、動作、顯現在外的情緒等；以及內在的心理歷程，包括：思想、意念、概念、態度、內隱的情緒等均稱為行為。

二、行為的分類

(一)依行為的範圍分類

　　分為「狹義的行為」與「廣義的行為」兩類：

1. 狹義的行為：指能被觀察到的一切外在活動，如攻擊、擁抱、握手。
2. 廣義的行為：指能被觀察到的一切外在活動及內隱的行為，內隱的行為如內在的思想、價值、態度。

(二)依先天獲得或後天習得分類

　　分為「本能或天賦的能力」與「後天習得」兩類：

1. 本能或天賦的能力：指個體獲得這些行為不需要經過學習，是一種原始的生物本能，多數是本能或遺傳而獲得的。如嬰兒吸

吮母乳、人類性行為。

2.後天習得：個體為適應後天環境而習得的行為模式，如拿筷子、寫字。在人類社會中，通常個體透過教育可以獲得行為充分的發展（Dhillon, 2011），亦即潛能的發揮。

(三)依行為是否符合社會標準或社會規範分類

分為「正常行為」與「偏差行為」兩類：

1.正常行為。個體具有正常行為包括下列三個特徵：
   (1)行為符合社會規範。
   (2)行為符合其生理及心理發展。
   (3)個人生理、心理、情緒、社會的發展及適應是良好的及平衡的。
2.偏差行為。其特徵包括：
   (1)行為違反社會規範，如打架、鬥毆、偷竊。
   (2)行為的發展不符合其身心發展，例如十五歲的少年抽菸又喝酒。
   (3)個人生理、心理、情緒、社會的發展及適應是不平衡的。

(四)依行為的功能分

1.生理行為：個人維持生理功能的行為，如飲食、呼吸、血液循環、消化吸收、新陳代謝及排泄等。
2.精神行為：個人有思想、意念、期望、動機、信仰等行為。
3.情緒行為：指憤怒、憂鬱、焦慮、忌妒、恐懼、愛、快樂等心理狀態，統稱之為情緒。
4.社會行為：指個體無論是在家庭、學校、職場或社團都與其他成員互動的行為。

三、人類行為的理論基礎

(一)精神分析論

　　佛洛依德（Freud, 1965）是精神分析論的創始者，認爲人的行爲受潛意識所影響，且源自於早期經驗，在六歲以前人格已定型。研究人類行爲必須使用心理分析，如自由聯想或夢的解析，以找出壓抑在潛意識裡的眞正原因。例如，一位三十歲的小姐，始終抱著不婚主義，問其原因，她自己也說不出其所以然，透過自由聯想的心理分析方式，始知在她的潛意識中，對男人存有恐懼感。更進一步的瞭解原因，原來在她的幼兒時期，常目睹父親對母親暴力相向，這樣的心理創傷，一直存在她的內心世界中……。

(二)行爲論

　　華生（Waston, 1913）是行爲論的創始者，認爲人的行爲受環境的影響。所謂行爲就是個體用以適應環境變化的各種身體或心理反應的組合。一切行爲決定於刺激與反應之間的連結，改變環境就可以改變人類行爲。例如，一位與班上同學一起抽菸的國中生，我們通常認爲幫其轉到別的學校較可能杜絕他再度抽菸的可能；又如，孩子隨著年齡的增長，藉由個體與個體的互動，再透過行爲的學習，能讓孩子建構社會認知能力與溝通技能（Kroeber, 2011），如此能讓幼兒得到更進一步的社會化。

(三)認知理論

　　皮亞傑（Piaget, 1950）認爲認知發展的每一個階段都涉及新技

能的學習，兒童經歷的認知階段都有一定的順序，但發展速率並不一樣，也不一定能完成每個階段，以輕度智能障礙者為例，大都無法進入皮亞傑認知發展的第四期——形式操作期（或稱形式運思期）（參考本書第二章「三、認知發展理論」部分），因為智能障礙者通常未具有抽象概念；行為經由一連串的過程發展潛能，每個階段都會熟練一套新的認知技巧，人類行為受刺激情境與心理歷程所影響，行為的改變，是認知歷程改變的結果。個體自出生後在適應環境的活動中，吸收知識時的認知方式以及解決問題的思維能力，其隨著年齡增長而改變的歷程。

一歲半的嬰幼兒喜歡玩「搖鈴」，因為他正處於皮亞傑認知發展的第一期——感覺（鈴聲）動作（搖）期，手搖一搖就會有好聽的聲音，此時嬰幼兒會覺得很快樂，也有成就感；但到了三、四歲以後的幼兒逐漸對搖鈴沒興趣，因為其認知發展已進入皮亞傑認知發展的第二期——準備運思期，此期的思考和行為明顯的異於第一期，幼兒的思考單純、直覺，例如：爸爸問四歲的亞岑，妳要送什麼東西給爸爸當生日禮物，亞岑毫不遲疑的把心愛的洋娃娃拿給爸爸，這樣的行為說明了這一期的幼兒常以「直接推理」來處理日常中的事物。到了小學中年級，教師偶會設計校外教學，學童在實際的參觀體驗中，更能確實的學習到知識與技能，因為此時兒童已進入皮亞傑認知發展的第三期——具體運思期（或稱具體操作期）；進入國中的學生，對於一些抽象概念的學習，更能得心應手，因為他們已進入皮亞傑認知發展的第四期——抽象智慧期（或稱形式操作期、形式運思期）。由上面的例子，我們可以瞭解到兒童少年的行為，會隨著認知發展而改變。

(四)社會學習論

班杜拉（Bandura, 1977）強調，人類的許多行為都是透過觀察他人的行為及模仿而習得的，就如兒童行為有許多是透過對榜樣的

觀察與模仿而得，經由教育是社會學習最好的方式（Breedland, Van, Leijsma, Verheij-Jansen & Weert, 2011）。吾人常說「近朱者赤，近墨者黑」、「見賢思齊」，都是社會學習最佳的例子。這些都說明了人類行為的學習或改變，與所處的社會環境息息相關。

(五)生態系統觀點（ecological perspective）

生態學強調人與環境的關係，包括物質環境和社會環境，為增進個人與環境的關係，應除去或改善環境中對人不利的因素，及增進個人因應環境的動力（謝秀芬，民97）。Germain和Gitterman（1976）認為人的生活中面對許多問題，這些問題是因為人與環境複雜的交流系統發生失衡，進而產生壓力與危機。生態系統理論的主要信念在於每個人終其一生會不斷的與環境產生互動及調適，同時也會受周邊環境的影響（魏美惠，民98）。因而生態系統探討的就是人與環境之間複雜與互補的關係，與如何的運作及如何的相互影響（簡春安、趙善如，民97）。個人與社會之間能夠有良好的互動關係便能發揮個人的社會功能（曾華源、黃俐婷，民95），家庭是個人重要的依附來源，也是個人社會支持的來源（曾華源，民96）。家庭是兒童接觸的最初始單位，家庭也是一個系統，系統是否會有良好調整和平衡，常需要各種不同的協助，才會使個體行為有比較好的適應。

Bronfenbrenner（1979）運用社會服務的輸送概念，透過友善的服務輸送體系改善案主與環境間的調和度，提出「生態系統理論」（Ecological System Theory），他將家庭生態系統分為微視系統（microsystem）、居間系統（mesosystem）、外部系統（ecosystem）和鉅視系統（macrosystem）四個系統，若因系統間的不適應則會產生行為的改變，即為壓力與危機的開始。說明如下（馮燕，民97）：

1.微視系統：以個人為核心，最近身的是有直接接觸的微視系

統，微視系統因此對個人的直接影響最大，如家庭、學校等
對個人的影響最爲深遠，但在生態系統中，個人會被系統所影
響，系統也會被個人所影響。

2.居間系統：指個人與各微視系統間的連結，當個人與各微視系
統間互動良好，將會促使個人擁有較好的成長與發展優勢。微
視系統間的連結越是緊密，互動性越強，越能產生互補效果的
居間系統，對於個人的發展助益越大。個人透過學校與社區學
習到品德素養、智識、同儕關係、師生關係；家庭則提供個人
安全的避風港，基本價值觀的訓練，親子互動、親戚互動等。
若家庭與學校、社區爲正向的互動關係，教養方式一致，則能
雙向刺激個人的成長與發展。

3.外部系統：指個人雖沒有直接接觸到，卻會對個人產生間接影
響的環境系統，譬如：職業、醫療、警政、交通、娛樂、住
宅、社會福利等，這些環境雖然與兒少有空間上的距離，不過
卻會影響到他們日常生活和日後的發展。

4.鉅視系統：指社會深層結構與其價值觀所形塑的體系，譬如：
政治、經濟、社會、文化、宗教、哲學思想和意識形態等（如
圖1-1）。

生態的評量最重要的就是找出個人需求與資源間的失衡或障礙，
有效的生態模式包括以下幾項要素（鄭麗珍，民95）：

1.人是受多元及互動因素所影響。

2.強調成長、發展及達到目標。

3.健康取向是著重全人而不是個人病症。

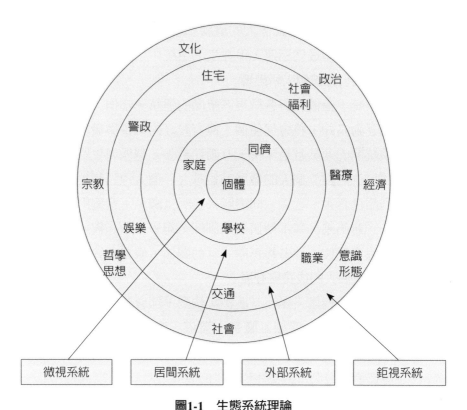

圖1-1　生態系統理論

資料來源：整理自馮燕（民97）；陳富美（民99）。

(六)符號互動理論（symbolic interactionism）

　　互動理論由米德（Mead, 1934）所提出，認為所有人類行為，包括社會行為，都以與人溝通為基礎。隨之布魯姆（Blumer, 1969）發展為符號互動理論，又稱為象徵互動論，在此所謂符號包括語言、文字、表情、手勢、肢體動作等，主張人類不斷地利用符號與人互動與對話，包括對他人意圖的觀察、解釋與反應。Faules與Alexander（1978）指出符號互動是人類溝通與行為重要的媒介。

　　人類在互動過程中以語言、文字、表情、手勢、肢體動作等表達想法，透過溝通和瞭解後，才能夠做出適當的反應，也才能夠在言語或行為上作出適當的表達，符號互動理論強調社會化（socialization）及社會互動（social interaction），人與人的互動過程行為中，會先將他人所傳達出的符號和訊息加以吸收和解釋，訊息儲存後做最適當的解釋，然後再決定如何反應。

四、人類行為的特質

1. 人類行為是適應性的：人類行為傾向符合環境的要求並滿足本身的需要。
2. 人類行為種類繁多：有外顯的，也有內隱的；有本能行為，也有後天習得的；有正常行為，也有偏差行為等等。
3. 人類行為是多變的：例如喜怒無常、破涕為笑、憂喜參半、一時衝動等，均屬多變的情緒行為。
4. 人類行為是動態的：例如偏差行為經輔導後會消除，本來無不良嗜好的人，可能學習到不當行為。
5. 人類行為是可控制的或可訓練的：尤其行為學派的心理學家認為人類行為是可控制的或可訓練的，可用一些方法更容易達成，例如正增強、負增強、懲罰等。
6. 人類行為是生理、心理與社會性組織而成的：例如體力充沛（生理）、精神好（心理），更願意參與社交活動（社會）。
7. 人類行為是發展性的：例如初生兩個月的嬰兒會翻滾、七坐八爬、週歲慢慢可以走路，以後更會跑跳等，這都說明了行為的發展性。

五、環境的意義及種類

(一)環境的意義

環境是影響生存與活動的場所，從個人發展的觀點而言，環境係指個人生命開始之後，其生存空間中所有能對其發生影響的一切因素。以家庭環境為例，家庭是最基本的社會環境，應滿足兒少教育需求，讓孩子得到妥善的照顧，滿足孩子連續性的發展需求（Moreno-Manso, Sanchez, Guerrero-Barona & Blazquez-Alonso, 2010）。家庭環境是兒童發展階段的重要場所，是兒童多種需求的滿足和奠定人生基礎的地方，父母則是這些需求的提供者（翁毓秀，民97）。

(二)環境的種類

◆依性質分

1. 物質環境（physical environment）：指人類所住的地球、房屋、所走的道路、呼吸的空氣、所吃的食物等，總之是提供人類物質生活的環境。
2. 社會環境（social environment）：包括人及人類如何組織成單位的方式，這些單位包括家庭、團體、社區、社會、文化、社會階級及階層等。

◆依身體內外部分

1. 內環境：指個人體內的環境，包括細胞內環境（含染色體、基因等）與細胞間環境（指細胞周圍的物質所形成的環境），就個人的成長而言，內環境會影響行為發展。

2.外環境：指個人體外一切能影響其身心發展的因素，可分爲產
前環境與產後環境；前者爲胎兒在母體中九個月所處的環境，
後者爲個人由出生到死亡所處的環境。

六、影響人類行爲的因素

(一)遺傳及先天

許多人類行爲與遺傳有關，包括：

1.遺傳稟賦：智力的高低、健康狀況、氣質等。例如高智商的人
反應較快，學習能力較強。
2.生理狀況：儀表、動作技能、身體器官、成熟等。例如一位早
熟的國小五年級女生，可能會有意無意的對班上的男生「放
電」，不過所得到的結果通常是「對牛彈琴」。
3.心理狀況：人格、興趣、自我概念、情緒、動機等。例如一個
情緒不穩的人，常會出現罵人、打人、摔東西等行爲。

(二)環境

1.物質環境：指個人一生中的食物、住所、交通工具、衣服及日
用品，以及其他維持生活必需的環境。
2.社會環境：如家庭中父母的管教態度會影響子女的行爲。而父
母親的教育程度也會影響教養態度（Cheadle & Amato, 2011）。
Cramer（2011）進行一項縱貫研究，從三歲到二十三歲成長長
期追蹤研究發現，父母的教養方式可以預測孩子的成長；Nacak
等人（2011）指出，父母的育兒知識與物質環境影響著兒童的
道德價值。此外，學校中老師的教學方式也會影響學生的行

為。在成人的世界中，職場、社團等成員的互動，也會影響行
為的表現。

七、環境與人類行為互為影響

(一)環境影響人類行為

◆物質環境影響人類行為

物質環境影響個人體質、生活品質、壽命的長短、發展的機會、
情緒及行為。例如在低度開發國家的國民，貧窮者多、生活水準較
低、死亡率高、國民平均壽命短、發展的機會不足；在高度開發及發
展中的國家，國民所得及生活水準高、平均壽命逐年提高，可是卻遭
受環境汙染，例如空氣及水汙染、殺蟲劑、農藥、食品化學添加劑及
垃圾食物。

◆社會環境影響人類行為

人自初生以後，在家庭中成長，家庭教育開始讓兒童逐漸社會
化，於日後進入學前教育機構、學校等教育場所，老師的教誨，兒童
與兒童相互間的行為模式，以致於成人後進入大社會，整個社會的規
範、價值觀、法律等有形無形的約束，均對人類行為造成直接或間接
的影響。茲列述如下：

1.角色（role）：角色是依地位而來的行為模式，任何角色其行
  為模式並不需固定不變，從出生到老年，在不同階段會有不同
  的角色，不同的角色其社會地位與工作責任均不同。我們的角
  色都是由別人對我們的期望所界定的，社會對於不同的角色都
  有不同的期望標準，稱為角色期盼（role expectation）（陳淑敏

譯，民95）。人們爲了符合社會賦予的角色期盼，便會做出符合社會期待的行爲模式出來。

2.常模（norm）：常模一詞源於拉丁語，意即標準、規則或模式，社會生活要求個體適應一定的標準，這些標準就被稱爲「常模」。對大部分的人而言，如果行爲與大多數人行爲一致，即表示是正常而可接受的行爲，例如兒童不能或不願意適應常模，便被視爲適應不良的兒童。

3.社會化（socialization）：社會化的主體是個人，讓個人不斷地從外在環境吸收新知、學習社會角色，經由既有的制度與文化，教導我們社會規範與價值，社會化的重要基礎是個人與社會的互動（吳逸樺，民95）。簡言之，從嬰兒就開始展開社會化的機制，透過父母、學校與社會教育，讓我們得以融入社會情境，亦即做出符合社會規範的行爲模式來。

4.自我概念（self concept）：自我概念的形成是藉由個人的心理特質、環境、經驗和文化等因素互動產生而成，顧里（Charles Horton Cooley）相信人格產生於鏡中自我，或他人對自己之想法和感覺而來。自我概念指個人對自己的看法或評價，是人格的基本組成部分之一，自我概念中穩定或變化的趨勢可能代表了整個人格，由一定的知識結構組成，這些知識結構使得個體的生活經驗具有一致性（樂國安、韓威、周靜譯，民96）。

5.參考團體（reference group）：指個人選擇某種團體當作模仿或學習指導的對象，作爲其判斷與行動的參考，例如某人以一個志工團體當作他學習的標竿。

(二)人類行爲影響社會環境

人類行爲影響社會環境可分兩個層面來探討：

1. 少數人的行為影響整個社會環境：例如為政者、教育家、思想家、宗教家、軍事家等，常因個人或少數人的一句話、一個觀點、一個行為而影響整個大社會，如孔子的思想一直影響現今的人。

2. 多數人的行為影響整個社會環境：例如一群善心人士成立志工團體，在醫院、學校、社區從事志願服務，並一再的影響他人效法，讓志工人數越來越多，志工團體組織越來越龐大，終究造成整個大社會掀起一股「我為人人」的志願服務熱潮。

八、環境影響行為的定則

1. 在個人的人格模式尚未充分定型，社會發展亦未成熟，則社會環境影響人類行為較多。反之，個人的身心發展均已成熟，則受社會環境的影響較少。以人生全程發展為例，兒童期由於人格發展尚未成熟，很容易受外界的影響，所以我們應該為他慎選玩伴，為他選擇優良電視節目，以免習得一些不好的行為。

2. 環境之轉變程度極為重大或對個人造成嚴重損害，影響個人行為較多。以民國100年3月日本所發生的9級大地震為例，地震、海嘯、輻射接踵而來，造成災區民眾產生「創傷後壓力症候群」，在心理及行為上出現恐慌、焦慮、惡夢、失眠等症狀。

3. 在某一特定社會環境內，許多人受到長期的親身經歷，會形成某些相同或相似的行為或人格特質。

4. 從佛洛依德精神分析論的觀點，幼年時期由於環境不良，所導致的行為偏差，會形成人格的基礎，以致終生很難糾正。即使成年後環境甚佳，其情緒及行為之偏差依然存在。

九、人類行為與社會環境研究方法

社會及行為的研究方法在本章以觀察研究法（observation survey）、個案研究法（case study）、跨（泛）文化研究（cross-culture study）做說明。

(一)觀察研究法

觀察研究法屬於一種科學的研究方法，觀察意指集中注意力在某個對象，做有系統的記錄，並依觀察內容做正確的判斷，包含留意、注意觀察對象，有系統的記錄和行為判斷四個步驟（廖信達，民97）。分為直接觀察法與間接觀察法，分述如下：

◆直接觀察法

觀察法有助於瞭解、溝通、預測及控制人類行為，直接對個體的觀察，藉以蒐集研究資料。又分為自然觀察法（natural observation）與控制觀察法（controlled observation），說明如下：

1.自然觀察法：研究者以旁觀者的地位，觀察個體在自然情境下的活動，所進行的觀察，又稱為田野觀察，在此種觀察活動中，受試者比較容易表現真實的行為。通常有下列四種：

(1)時間取樣法：在固定的時間間隔內，觀察預先選定的行為，如每天上午9:00～9:30為觀察時間。

①優點：

‧省時省力，可在短時間內獲得大量資料。

‧觀察資料容易量化，統計分析方便。

②缺點：

‧無法獲得行為背景、因果關係、行為發生過程及結果等

有關「質」的資料。

‧只專注設定的目標行為，期望看到其中的行為出現，可能造成預期行為發生的現象。

‧觀察前需要花較多的時間練習及準備相關工具，並且應接受訓練。

(2)事件取樣法：僅觀察、記錄所欲研究的事件（內容），如語言、社會行為、攻擊行為等。

①優點：

‧對於行為及事件發生的情境，有詳細的描述，可以深入地瞭解、分析行為的背景、過程和結果。

‧能綜合運用敘述性描述法和符號記錄法。

②缺點：中斷了行為的連續性，對事件以外可能的影響較無法全盤掌握。

(3)軼事記錄法：觀察者記錄重要的或覺得有趣的個體行為，通常在行為的事後記錄。

①優點：

‧最容易的記錄法，不需要安排特別情境、範圍、時間。

‧提供研究者瞭解受試者行為的詳細資料。

‧記錄到重點資料。

②缺點：

‧記錄不易撰寫。

‧極易受偏見影響而選擇所記錄的行為。

(4)日記法：最初使用於研究嬰兒的生長與行為的發展，且是在家庭中觀察自己子女或其他親屬，需要每天觀察，時時記錄（黃志成、高嘉慧、沈麗盡、林少雀，民97）。

①優點：

‧記錄詳盡，可提供一些細節和永久性資料。

‧能瞭解幼兒發展和環境的關係。

②缺點：

‧難以避免觀察者的主觀偏見。

‧較費時費力。

‧樣本太少無法作推論。

2.控制觀察法：研究者預先設計某種情境來影響個體的行為，在人為控制的環境中進行的系統觀察，然後觀察、蒐集研究資料，包含對場地的活動內容加以控制、記錄受試者的行為表現。

(1)實驗法（experimental research）：指研究一個假定有效的因素如何影響行為（陳萍、王茜譯，民94）。在影響個體行為的諸多因素中，除一或二因素（自變項）外，餘皆加以控制，然後觀察自變項改變時，對依變項所產生的影響，藉此方法可用以確立變項間因果關係。亦即實驗法可提供因果關係的推論。

(2)測驗法（test method）：以一組標準化過的問題或一些作業讓個體回答，從其結果來瞭解個體的某些特質，如智力測驗、人格測驗、性向測驗、興趣測驗等。

◆間接觀察法

1.問卷法（questionnaire）：採用問卷為研究工具蒐集研究資料的一種方法。受調查者填寫文字式的問卷，研究者分析受調查者對問卷中所列問題的反應，從而瞭解受調查者的意見或態度。其運用方式可分為：個別訪問、團體施測、電話調查、郵寄問卷等。不同的研究法問卷會有不同的回收率，以上述四種方法為例，個別訪問的回收率最高，郵寄問卷的回收率最低。

2.晤談法（interview）：詢問受訪者的態度、意見或生活等資料。

(1)優點：獲得第一手資料。

(2)缺點：易受調查者成見的影響、受訪者可能作不實的回應。

3.評估法（rating）：研究者就研究內容擬定好項目，請受試者的關係人就每一項目評定等級。如：

嬰兒在洗澡時的活動情形如何？

□A.很頻繁　□B.頻繁　□C.有點安靜　□D.很安靜

◆觀察研究法的優缺點

1.優點：

(1)可以蒐集「非語文行為」：例如想瞭解還沒有語文能力的嬰幼兒的行為可使用觀察法。

(2)在自然情境下蒐集資料：觀察研究可以藉由設計來觀察受試者的行為，但大部分的情況都是在自然的情境下。

(3)可以蒐集縱貫的資料：人的發展是有持續性的，必須要透過一系列的觀察才可得到更深入與詳細的資料，而觀察者可以持續觀察特定行為，也可以在一定的間隔時間內做追蹤調查。

(4)若為質化的研究，將是獲得一手資料的好方法，而觀察者在研究情境中，可獲得量化研究無法取得的資料。

2.缺點：

(1)如採自然觀察，研究者無法控制情境，因此外在效度不高。

(2)觀察活動的進行較為複雜，過程變化快，因此不易量化。

(3)觀察費時費力，所以常採用小樣本，無法推及較大研究範圍。

(4)可能會有研究倫理上的限制，例如可能侵犯他人隱私權。

(5)觀察員不易訓練，觀察員的個別差異性大。

(二)個案研究法

　　以一個個體為對象，有系統地從個體本身與其關係人蒐集有關的資料，包括出生史、嬰幼兒期之情形、家庭狀況、社區自然及人文環境、學校生活等狀況。蒐集的方式可為觀察、心理測驗、醫學檢定、評估等，將所得資料做科學診斷、分析、提出改進意見。

(三)跨（泛）文化研究

　　跨文化是對來自不同文化、次文化和種族的參與者在某一方面的發展加以觀察、測驗和比較（陳淑敏譯，民95）。跨文化研究的目的可以去發現兩個（或數個）文化間，人們的行為有哪些相同或不同之處，特別要去瞭解造成不同行為的原因，作為彼此互動或教育的參考。例如海峽兩岸的人民在歷經數十年不同的政治、經濟、教育、社會體制的薰陶之下，雙方人民在思想、觀念、行為上有何差異？

十、研究倫理議題

　　美國心理學會（The American Psychological Association, APA）特別為研究參與者的權益，以及對研究參與者在研究程序中的保護制定了指導規則以保護研究參與者（林美珍、黃世琤、柯華葳，民96）。研究倫理可依研究過程區分為研究計畫執行前、研究計畫執行中、研究計畫執行後。

(一)研究計畫執行前之倫理議題

　　1.志願參與：不可強迫任何人參與研究，參加者必須是出自於自願性質的。

2.事先告知（知會同意）：告知參與者研究的目的、研究的內容、期限、任務、可能的傷害或影響、參與的利益等。

3.不可有生理傷害：研究者不應該讓參加研究者有生理上的傷害，研究進行前就需要預期到可能發生的風險，並且盡可能排除高危險群的參與，如患有精神、心臟、血壓或其他疾病患者的參與。

4.不可有心理傷害或壓力：許多研究會藉由受試者在研究中的焦慮或不愉快的情境中瞭解受試者如何回應或承受，使得受試者產生了不好的感受，研究應避免這種負向的感受。

5.尊重案主自主原則：研究者應尊重參加研究者的意願，但必須注意兒童與青少年的參與者必須取得其父母或監護人之同意。

6.不可欺騙、隱瞞：明確告知研究所有相關內容。不誠實或欺騙是科學研究的一項主要禁忌（朱柔若譯，民91）。欺騙與隱瞞都可能增加不信任與懷疑，不可告知受試者不實的訊息；若有必要加以隱瞞時，必須在事後詳細告知隱瞞原因。

(二)研究計畫執行中之倫理議題

1.研究者個人的身分認同：不可因研究者個人的性別、宗教信仰、族群、政治傾向、階級等社會背景的認同，而對參與者產生壓迫或不適感。

2.參與者可以隨時取消參與：參與研究者隨時可以中止參與研究進行之權益，且不必接受研究之相關處罰。

3.告知參與者各種應知的訊息：若因研究之必要，而事先必須隱瞞某些訊息，在研究之後必須詳細告知。

(三)研究計畫執行後之倫理議題

1.匿名性：研究者不得暴露參與者的身分，應保護其隱私權，參與研究者必須匿名，不得將其姓名公開。

2.保密原則：參與研究者之身分與資料必須保密，保密是指資料上可能會有參與者姓名或相關資料附在上面，研究者不可將這資料公開給他人知道。

3.妥善補償參與研究者的損失：若採取實驗研究，對照組與實驗組之間的權益不對等，則需在不影響實驗結果的情況下，以替代方案使兩組的福利盡量平衡。

4.資料分析須客觀中立：研究完成後之資料分析不可有主觀、偏袒的行為。

5.報導不能有直接或間接的傷害：研究結果的發表不可使當事人的權益受損或傷害當事人。

參考文獻

朱柔若譯（民91）。Lawrence Neuman, W.著。《社會研究方法——質化與量化取向》。新北市：揚智文化。

吳逸樺（民95）。《圖解社會學》。台北市：易博士文化。

林美珍、黃世琤、柯華葳（民96）。《人類發展》。台北市：心理出版社。

翁毓秀（民97）。〈有無共病現象之精神科兒童及健康母親親職壓力之比較研究〉。載於靜宜大學青少年兒童福利學系主辦之「兒童及少年權益：行動與挑戰」學術研討會，頁120-144。

馮燕（民97）。〈兒童及少年福利的理論基礎〉。載於馮燕、張紉、賴月蜜合著之《兒童及少年福利》，頁31-56。新北市：國立空中大學。

陳萍、王茜譯（民94）。《發展心理學導論》。台北市：五南圖書。

陳淑敏譯（民95）。《社會人格發展》。台北市：華騰文化。

陳富美（民99）。〈家庭、學校與社區〉。載於張鐸嚴、何慧敏、陳富美、連心瑜合著之《親職教育》。新北市：國立空中大學。

郭靜晃、黃志成、黃惠如（民97）。《兒童發展與保育》。新北市：國立空中大學。

黃志成、高嘉慧、沈麗盡、林少雀（民97）。《嬰幼兒保育概論》。新北市：揚智文化。

曾華源（民96）。〈更生人就業與家庭適應之社會工作〉。《社區發展季刊》，第119期，頁298-312。

曾華源、黃俐婷（民95）。〈心理暨社會派、生態系統觀及增強權能觀對「人在情境中」詮釋之比較〉。《東吳社會工作學報》，第14期，頁63-89。

廖信達（民97）。《幼兒行為觀察與記錄》。新北市：群英出版社。

謝秀芬（民97）。〈家庭服務相關理論〉。載於謝秀芬、王行、王舒芸、李庚霈、傅從喜、鄭瑞隆、鄭麗珍合著之《家庭支持服務》，頁30-

57。新北市：國立空中大學。

鄭麗珍（民95）。〈生態系統觀點〉。載於宋麗玉、曾華源、施教裕、鄭麗珍合著之《社會工作理論——處遇模式與案例分析》，頁249-280。台北市：洪葉文化。

簡春安、趙善如（民97）。《社會工作哲學與理論》。台北市：巨流。

魏美惠（民98）。〈新台灣之子的能力較差嗎？從多元能力與生態系統理論剖析〉。《台灣圖書館管理季刊》，第5卷，第4期，頁47-57。

樂國安、韓威、周靜譯（民96）。Schaie, K. W. & Willis, S. L.著。《成人發展與老化》。台北市：五南圖書。

Bandura, A. (1977). Self-efficacy: Toward a unifying theory of behavioral change. *Psychological Review, 84,* 191-215.

Blumer, H. (1969). *Symboic Interactionism: Perspective and Method.* Englewood Cliffs, NJ: Prentice-Hall.

Breedland, I., Van, S. C., Leijsma, M., Verheij-Jansen, N. P., & Weert, W. E. (2011). Effects of a group-based ercise and educational program on physical performance and disease self-management in rheumatoid arthritis: A randomized controlled study. *Physical Therapy, 91*(6), 879-893.

Bronfenbrenner, U. (1979). *The Ecology of Human Development by Nature and Design.* Cambridge, Mass: Harvard University Press.

Carrasco, M. A., Rodriguez, M. A., Del Barrio, M. V., & Holgado, F. P. (2011). Relative and absolute stability in perceived pareting behaviour: A longitudinal study with children and adolescents. *Psychological Reports, 108*(1), 149-166.

Cheadle, J. E., & Amato, P. R. (2011). A quantitative assessment of lareau's qualitative conclusions about class, race, and parenting. *Journal of Family Issues, 32*(5), 679-706.

Cramer, P. (2011). Young adult narcissism: A 20 year longitudinal study of the contribution of parenting styles, preschool precursors of narcissism, and denial. *Journal of Research in Personality, 45*(1), 19-28.

Dhillon, P. (2011).The role of education in freedom from poverty as a human right. *Educational Philosophy and Theory, 43*(3), 249-259.

Erikson, E. H. (1963). *Childhood and Society.* New York: Norton.

Freud, S. (1965). Creativity: Theoretical and methodological consideration. *Psychological Record,15,* 217.

Faules, D. F., & Alexander, D. C. (1978). *Communication and Social Behavior: A Symbolic Interaction Perspective.* Massachusetts: Addison-Wesley Publishing Company.

Germain, C. B., & Gitterman, A. (1976). Social work practice: A life model. *Social Service Revice, 50*(12), 601-610.

Kroeber, H. L. (2011). Prosocial personality. *NERVENARZT, 82*(1), 37-42.

Mead, G. H. (1934). *Mind Self and Society: From the Standpoint of a Social Behaviorist.* (Edited by Charles W. Morris). Chicago: University of Chicago.

Moreno-Manso, J. M., Sanchez, M. E. G. B., Guerrero-Barona, E., & Blazquez-Alonso, M. (2010). Pragmatic competence and psychosocial adaptation in children in protective care. *Salud Mental, 33*(4), 333-340.

Nacak, M., Yagmurlu, B., Durgel, E., & van de Vijver, F. (2011). Parenting in metropole and Anatolia samples: The Role of residence and education in beliefs and behaviors. *Turk Psikoloji Dergisi, 26*(67), 85-104.

Piaget, J. (1950). *The Child's Conception of Number.* London: Poutledge & Kegan Paul.

Waston, J. B. (1913). Psychology as the behaviorist view it. *Psychological Review, 20,* 158-177.

Chapter 2

嬰幼兒期

- 發展的基本觀念
- 嬰幼兒之生理特徵
- 認知發展理論
- 情緒的概念
- 遊戲的分期（發展）
- 社會行為的發展特徵與需要
  （兒童社會化之過程）
- 氣質
- 依戀
- 道德行為的發展
- 人格發展

一、發展的基本觀念

(一)發展（development）的概念

　　兒童的早期是各項優質發展的重要關鍵期（Pool & Hourcade, 2011）。在兒童的成長過程中，有許多的因素會對兒童的發展產生負面的影響，如基因異常、生理及代謝異常、疾病、感染、中樞神經受損及不利環境等等，都被視為障礙的危險因子，當兒童危險愈在發展早期出現，就愈不利兒童的整體發展與成長（許素彬、張耐、王文瑛，民95；黃志成、王麗美、高嘉慧，民98）。尤其胎兒酒精症候群影響最是嚴重，意指在懷孕時期，母親如果過量飲酒或酗酒，容易造成胎兒發展遲緩，最嚴重的後果是面部畸形和中樞神經系統功能障礙（Paley & O'Connor, 2011）。Volk、Hertz-Picciotto與Delwiche（2011）也發現，母親在懷孕期間的居住環境，如果是在廢氣汙染嚴重的高速公路旁或是抽菸，與生出自閉症兒童有相關。除此之外，資源匱乏的家庭，例如貧窮家庭的孩子們，因為家庭的貧窮，也會直接和間接的累積壓力加劇影響貧窮的孩子其社會發展（Shang, Fisher & Xie, 2011）。Kobrosly等人（2011）也指出，兒童早期貧困的社會經濟條件，會影響成年後的教育成就。兒童成長階段提供充足營養與體育運動，均能促進兒童身心健全發展（Hartman, Hosper & Stronks, 2011）。

　　同儕關係與社會能力是兒童發展友誼重要的技巧（Glick & Rose, 2011）。在某一個社會裡，個體達到某一個年齡時，社會期待他在行為發展上應該達到的程度，稱為「發展任務」（developmental tasks），對一個幼兒來說，自當不例外，幼兒的成長也會依照一定的生長模式，生理年齡到達某一階段，他的心智發展、動作發展、社會發展等，都會有某種程度的表現（黃志成、高嘉慧、沈麗盡、林少

雀，民97）。

(二)發展的原則

　　發展係指個體自有生命開始，其生理上（如身高、體重）與心理上（如語言、行為）的改變，其改變的過程是連續的、緩慢的，其改變的方向係由簡單到複雜，由分化到統整，而其改變的條件，乃受成熟與學習，以及兩者交互作用之影響。影響發展交互作用的動力包括（林美珍、黃世錚、柯華葳，民96）：

1. 生物學的動力：包括所有影響發展的遺傳與健康相關的因素。
2. 心理學的動力：包括所有影響發展的內在知覺、認知、情緒與人格的因素。
3. 社會文化的動力：包括所有影響發展的人際、社會、文化與種族因素。
4. 生命週期的動力：反映差異在相同事件，如何影響不同年齡的人。

　　黃志成、王淑芬、陳玉玟（民97）指出，發展過程的一般原則包括：

◆幼稚期長可塑性大

　　從學習的關鍵期來看，許多動作技能、社會行為、語言等學習的關鍵期大多在幼年時期，也就是說幼兒的可塑性較大，學習事物的能力愈佳。Geddes、Frank與Haw（2011）指出，兒童早期干預的措施，可以增進兒童認知與社會發展。

◆早期發展是後期發展的基礎且早期發展較後期發展重要

　　因為早期發展的基礎很快的會發展成習慣模式，而這些習慣模式不論對幼兒適應是好或是壞，有益或有害，都會有持續的影響。

Harden和Whittaker（2011）指出，兒童早期的家庭環境品質可以預測孩子後期的發展，包括認知、學習與行為。

◆發展模式是相似的

　　幼兒的發展模式具有相似性，如幼兒動作發展的順序，最先只能臥著，然後可以抬頭，續而可以坐著，再後可以爬行，而後可以扶著東西站立，一直到可以自己行走、跑、跳。

◆發展常遵循可預知的模式

　　雖然每個幼兒的發展不是絕對相似，但一般發展常態的幼兒都是一致的，均依照自然有規律的基本模式而發展。從胎兒期到嬰兒期的發展，最顯明的模式是：

1. 從首到尾的發展：即頭部發展在先，下肢發展在後，或稱頭尾定律。
2. 從中心到邊端的發展：軀幹發展在先，四肢發展在後，或稱近遠定律。
3. 從整體到特殊的發展：全身的、整體的大肌肉活動在先，局部的、特殊的小肌肉活動在後。再如，幼兒心智的發展亦是可預期的，都是先由動作的發展，進而能運用具體的事物進行思考，最後才能發展抽象的思考境界。

◆發展歷程中有階段現象

　　有些學者認為人的發展是一個階段接著一個階段發展，當一個幼兒由一個階段邁向一個更高的階段時，即會有一些質或量的變化。以皮亞傑的認知發展為例，年齡由小而大共分為四期：(1)感覺動作期，約自出生到二歲；(2)準備運思期，約二歲至七歲；(3)具體運思期，約從七歲至十一歲；(4)形式運思期，約從十一歲十五歲（Piaget, 1950）。

◆共同模式下有個別差異

　　由於個體遺傳互異，生長環境亦不同，使得每個人都有其獨特的發展歷程與結果。

◆發展是連續的過程

　　個體身心的發展是日以繼夜，夜以繼日，不斷的變化，整個過程完全是連續的：現在的行為是過去的延續，以後的行為又是現在的延續，且彼此相互影響，具有相關性。

◆社會對每一發展階段都有些期望

　　每一社會團體因其不同的文化特質，而對該社會中的嬰兒、幼兒或兒童的身心發展，都期望有一定的模式出現，如此除可藉以評斷該幼兒的發展常態與否，更可使成人能預先為幼兒下一階段的發展預作準備。

(三)發展的分期

　　有關發展的分期各家說法不一，筆者將兒童發展分為四期，說明如下：

◆產前期（prenatal period）

　　從受精至出生前為止，約266天，此期受精卵發育為胚胎，而後胎

兒，除承受先人之遺傳特質外，子宮內環境亦可影響胎兒之成長。

◆嬰兒期（infancy）

從出生至滿週歲，為人
類適應外界環境的第一年，
營養與衛生保健是促進生長
與發展最重要的因素。人一
生最重大的關鍵時期正是嬰
幼兒階段，此時環境的影響
將塑造一生的體格、性格乃
至於成就。

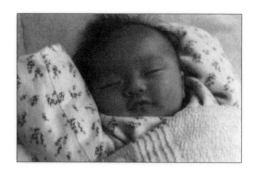

◆幼兒期（early childhood）

又稱學齡前兒童期，
或兒童前期。約從一歲至六
歲，為使幼兒有正常發展，
營養、衛生保健及福利服務
是值得重視的。

◆兒童期（childhood）

從六歲至十二歲，此期
又稱為學齡兒童期或兒童後
期。教育、衛生保健、營養
及社會福利是促進生長與發
展的重要因素。

(四)發展任務（黃志成、王淑芬、陳玉玟，民97）

◆定義

　　每個人在其社會中，都被期望著在生長階段表現適當的角色，實現這種角色的生長歷程稱為「發展任務」(developmental tasks)。

◆嬰幼兒期的發展任務

　　赫威斯特（R. J. Havighurst）所提嬰幼兒期的發展任務如下：

1. 學習走路：嬰幼兒大約從一歲開始學習走路，兩歲的幼兒大都已學會走路了。

2. 學習食用固體食物：四個月以前的嬰兒大都食用流質食物（如母乳、牛奶、稀釋果汁等），四個月以後的嬰兒開始食用半流質食物（如米湯、麥片糊等），基於消化系統的成熟以及適應日後生活的飲食習慣，約八個月以後的嬰兒開始學習食用固體食物（如去皮的吐司等）。

3. 學習說話：一歲以前嬰兒的語言發展大都處在發音遊戲，一歲以後的嬰兒能發單音，四歲的幼兒已具備簡單的說話能力。

4. 學習控制排泄機能：幼兒大約在一歲半左右，肛門的括約肌逐漸成熟，此時可以做大小便訓練，訓練時宜採漸進方式，不宜太嚴格或操之過急，以免發生一些副作用。

5. 學習認識性別與有關性別的行為和禮節：二、三歲的幼兒慢慢有性別概念，父母或教保人員可以開始實施性別教育。

6. 完成生理機能的穩定：嬰兒自出生後，無論是飲食、排便、睡眠等行為都不穩定，父母親在帶領嬰幼兒時宜慢慢訓練穩定性，如飲食要定時定量；排便時間最好固定在早上起床之後；睡眠時間要固定且足夠。

7. 形成對社會與身體的簡單概念：協助幼兒一方面要建立正確的
人際互動觀念，如要聽父母師長的話；二方面要知道自己一天
天的長大，所以要多吃飯、吃肉、吃菜，而且要有足夠的睡眠
時間。

8. 學習自己與父母、兄弟姊妹以及其他人之間的情緒關係：例如
教導幼兒去愛自己周遭的人，包括爸爸、媽媽、哥哥、姐姐、
弟弟、妹妹，以及老師、同學、鄰居等；也教導幼兒不要隨便
生氣，隨時保持和顏悅色。

9. 學習判斷是非並發展良知：五、六歲的幼兒慢慢能夠判斷簡單
的是非概念，良知道德逐漸萌芽，父母師長宜多給予指導。

(五)發展週期

人類發展的速率並非一成不變的，有時快有時慢，大致可歸納為
下列四期：

1. 迅速生長期：指個體從懷孕到出生後一週歲之間，嬰兒快速生
長。

2. 生長緩慢期：指兒童約在一週歲至十～十二歲（青春期之
前），發展較為緩慢。

3. 第二迅速生長期：兒童自青春期開始至十五～十六歲左右，又
呈現快速發展。

4. 第二生長緩慢期：少年自十五～十六歲以後，發展的速度又開
始由顛峰下降，恢復到緩慢的狀態。

二、嬰幼兒之生理特徵

(一)體內生理特徵

1. 心跳：嬰兒出生以後，心臟跳動速率顯著增加，而後又慢慢遞減，新生兒的心跳平均每分鐘約一百二十至一百六十次。

2. 呼吸系統：正常新生兒第一次呼吸約在出生後十秒鐘，其呼吸速率比成人快一倍以上，最初的呼吸是不完全的，或不規則的，嬰兒採腹式呼吸，一歲後採胸式呼吸。當新生嬰兒自行呼吸的功能未能運作正常時，可能會引起缺氧的現象。

3. 消化系統：主要的器官為胃和大小腸，新生兒的胃近於圓形，且呈水平位置，胃的容量快速增加中。嬰兒因幽門與賁門的作用未完全，因此乳汁常逆流於食道上，而常造成溢乳或吐奶，嬰兒胃容量小，消化快，宜少量多餐。

4. 排泄系統：新生兒每天平均排尿約二十次左右，與每天進食之乳汁及開水有關。初次大便叫胎便，出生後一、二天內排出，呈黑褐色富黏性，無臭味。

5. 循環系統：主要的器官為心臟和血管，新生兒心跳快速而不規則，血壓也就不穩定。由於血管粗，故嬰兒血壓低，全身的血液重量約為體重的十九分之一。

(二)身高、體重的發展

1. 身高：出生嬰兒身高約50公分，一週歲約75公分，二歲約85公分，四歲約100公分，六歲約115公分。

2. 體重：出生嬰兒體重約3～3.2公斤，至第三個月末約為6公斤，

滿週歲約10公斤，二歲約12公斤，四歲約15公斤，六歲約20公斤。

(三)骨骼的發展

骨骼具有支撐身體、保護內臟之功能。幼兒骨骼中鈣質少而膠質多，韌性大而易彎曲，所以比較不會有骨折、骨裂的現象。隨著年齡的增加逐漸骨化，亦即骨骼中礦物質所占的比例逐漸增加，女童較男童骨化為早，大骨架比小骨架骨化早。骨化與種族、遺傳、營養、疾病有關。

(四)肌肉的發展

幼兒肌肉柔軟而富彈性，隨著年齡的長大，肌肉逐漸堅實、肌腱的長度、寬度和厚度也逐漸增加。大肌肉在胚胎期已相當發達，到出生後發展很快，至三歲左右大致成熟，小肌肉則要到四、五歲後才慢慢發展。幼兒期肌肉的生長較骨骼為快速，適當的肌肉訓練，可以輔助神經系統良好的發展。

(五)神經系統的發展

神經系統在胎兒期發展很快，出生以後，仍繼續快速發展，約三歲至四歲以後，生長的速度才慢慢減緩。初生時腦重為成人的四分之一；九個月後為成人的二分之一；滿二歲時為成人的四分之三；滿四歲時，為成人的五分之四；六歲時，可達成人的十分之九。神經系統為辨識幼兒身體成熟程度最好的指標，因其基本行為大都由神經系統來決定。腦重量不代表智愚，主要在於腦細胞數目、性質，細胞間結合配列情形。人類大腦左半球職司語言、數學、科學、打字、邏輯、理工，故又稱為理性的腦；右半球職司音樂、藝術、舞蹈、雕刻、知

覺、幻想，故又稱爲感性的腦。

三、認知發展理論

(一)皮亞傑的認知發展理論

　　瑞士兒童心理學家皮亞傑提出認知發展理論（Piaget, 1950），將兒童認知發展分爲四個階段，分述如下：

1.感覺動作期：又稱實用智慧期，約自出生到二歲，幼兒靠身體的動作及由動作獲得感覺，去認識他周圍的世界。這時期口的吸吮和手的抓取是嬰幼兒用以探索世界的主要動作。

2.準備運思期：又稱前操作期，約二歲至七歲。此時期的幼兒是以直覺來瞭解世界，往往只知其一而不知其二，故亦稱爲直覺智慧期。此期幼兒開始運用語言、圖形或符號代表他們經驗的事物，具萬物有靈觀。

3.具體運思期：又稱具體操作期，約從七歲至十一歲。此期兒童已能以具體的經驗或具體物作邏輯思考，故又稱具體智慧期。

4.形式運思期：又稱形式操作期，或稱反省思考期，約從十一歲至十五歲。此期兒童思考能力漸趨成熟，能運用概念的、抽象的，純屬形式邏輯方式去推理。

(二)認知發展與幼兒學習的關係

Oliveira、Magalhaes與Salmela（2011）研究發現，早產兒發展過程較容易出現認知發展障礙。皮亞傑認為兒童在每一個階段都有特殊的學習特質，在學習活動上，必須根據其特質加以設計，掌握學習的關鍵期，始能得到事半功倍之效，說明如**表2-1**。

表2-1　認知發展與幼兒學習的關係

分期	年齡	學習特質	學習內容
感覺動作期	出生至二歲	以感官認識周圍的環境	以口的吸吮及手的抓取得經驗
準備運思期	二至七歲	運用語言、文字、圖形等來從事思考	可以開始學習簡單的文字、數字和圖形
具體運思期	七至十一歲	以具體經驗或具體物作邏輯思考	可從事物的分類、比較，以瞭解其間的關係
形式運思期	十一至十五歲	能運用概念、抽象的邏輯去推理	可以學習數學中代數、幾何的抽象觀念

資料來源：黃志成（民97b）。

四、情緒的概念

(一)意義

情緒是個體受到某種刺激後所產生的一種激動狀態，此種狀態雖為個體自我意識所經驗，但不為其所控制，因之對個體行為具有干擾或促動作用，並導致其生理上與行為上的變化。Lipman等人（2011）指出，父母的教養方式和有效的溝通技巧，發現可改善孩子的憤怒情緒管理技能、社會技能、衝動控制的能力。兒童時期的發展為未來青少年階

段情緒控制的重要關鍵期（Bariola, Gullone & Hughes, 2011）。

(二)情緒反應

幼兒有情緒時，在生理上和外顯行為上會有下列之變化：

1. 生理反應：(1)心跳速度增加；(2)呼吸速度增快；(3)皮膚電阻減低；(4)瞳孔擴大；(5)血糖增高；(6)血凝較快；(7)腸胃蠕動減緩；(8)腸胃之血管收縮，肌肉血管擴張。
2. 外顯行為：情緒反應除了依主觀感受的語言陳述外，其他的外顯行為如高興得拍手、傷心得哭泣等，吾人可由幼兒的面部表情、聲音表現及動作行為等來推測幼兒的情緒。

(三)幼兒情緒的特質

1. 情緒是短暫的：幼兒的情緒持續僅有數分鐘（或更短）之時間，然後突然消失。
2. 情緒是能移轉的：幼兒的情緒往往片刻之間就能移轉，由笑而哭，由生氣而爆笑。
3. 情緒是強烈的：幼兒情緒的反應是相當強烈的，比成人的情緒要強烈多。
4. 常鬧情緒：幼兒鬧情緒的頻率比成人高，隨年齡的增加社會化以後而漸減，漸能控制情緒。
5. 情緒反應是互異的：例如幼兒害怕時，有的是哭，有的是躲到媽媽的衣裙後。

6.從行為可瞭解情緒反應：幼兒情緒反應時，往往很明顯的表現
　在行為上，如吮手指、坐立不安、小便次數增多等。

7.情緒強度上的轉變：有些情緒在年齡小時非常強烈，至於年齡
　大時逐漸減弱。

五、遊戲的分期（發展）

　　遊戲是幼兒日常生活中最自然的活動，亦是表達其情緒、生活
與行為適應的方式之一，幼兒透過自發性的活動，依其喜好自由的選
擇、參與，並且專心、重複的反覆活動，從遊戲中獲得滿足與快樂。
在遊戲中幼兒獲得了身體、動作、智力、創造力、語言、情緒、社會
行為、溝通與互動、人格與道德等各方面的發展，使幼兒發展階段獲
得最適性的發展。

(一)遊戲五階段

　　一般可分為下列五個階段（黃志成、王淑芬、陳玉玟，民97）：

1.單獨遊戲：二歲以前的幼兒，在發展上自我中心很強，所以在
　遊戲活動中，均以自我為基礎，既無意與其他幼兒玩耍，也不
　想接納其他友伴。

2.平行遊戲：從二歲至三歲的幼兒，遊戲已進入群體，然而大都
　各玩各的，彼此間沒有溝通，稱為平行遊戲期。兩幼兒在一起
　玩，互不說話，若兩人玩不同的玩具，在發展上較傾向於單獨
　遊戲，若玩相同的玩具，較傾向於平行遊戲。

3.連合遊戲：從四歲至五歲，幼兒漸漸社會化，開始與周圍的玩
　伴談話，共同遊戲，人數以二人或少數人為主，他們並無特殊
　組織，也沒有共同的目標，只是做相同或類似的活動而已。

4.團體遊戲：五歲至六歲的幼兒，遊戲開始變得複雜，由無組織
　變為有組織，例如騎馬打仗，已能分成兩組，展開活動，遊戲
　的結構，亦隨年齡的增加，漸漸分化。此時幼兒的遊戲興趣較
　偏向運動式的遊戲。

5.合作遊戲：七歲至八歲幼兒，開始有分工合作的遊戲，而且每
　個參加份子都有一定的任務。其組織更嚴密，規則更嚴謹，大
　都屬競爭性質，從中可培養幼兒守法精神。

(二)遊戲的特質（黃志成、王淑芬、陳玉玟，民97，黃志成等，民99）

1.遵循一定的模式：幼兒遊戲大致遵循簡單到複雜，無組織到有
　組織，單獨遊戲到團體遊戲以致於合作遊戲的模式。

2.隨著年齡的增加而有變化：幼兒隨年齡的增加，其遊戲在內容
　上，如質和量都會有所變化。

3.幼兒遊戲是冒險的：幼兒好奇心大，探索性強，但沒有能力去
　判斷遊戲是否危險，故容易發生意外。

4.活動是重複的：幼兒遊戲常是一再的重複，如溜滑梯，一而
　再，雖無變化，但樂此不疲。

5.活動是有目的的：幼兒常藉遊戲來滿足自己的需欲，如喜歡當
　媽媽，就在扮家家酒的遊戲中扮媽媽的角色。

6.遊戲受文化影響：
生活在各種不同文
化的幼兒，其遊戲
內容也有所不同，
如迎神廟會的遊戲
常在台灣的幼兒出
現。

7.自動自發，不拘形
式：幼兒遊戲是自發性的，同時也不一定有道具或場所，隨興
而起。

(三)遊戲的功能（黃志成、王淑芬、陳玉玟，民97；黃志成等，民99）

1.遊戲有助於幼兒生理發展：體能遊戲包括練習遊戲、規則性的
反覆和打鬧遊戲。幼兒透過遊戲活動，發展肌肉協調和平衡能
力，增進身體健康，有助於生理發展。

2.遊戲有助於幼兒認知思考與創造能力發展：許多遊戲都需要幼
兒運用充分的想像力來進行，而想像遊戲中所包含心靈的自由
性與超脫現有事實的傾向，與學者們所謂的創造思考的內容有
相同之處。

3.遊戲有助於兒童情緒發展：幼兒參與遊戲活動，因自我表現而
感到得意，因交到朋友而感到滿足，因不快情緒獲得紓解而感
到開心，幼兒在遊戲活動中，經驗到各種情緒，並學習如何處
理情緒問題。

4.遊戲有助於兒童社會能力發展：早期同儕關係的建立，往往透
過遊戲的方式進行（林美珍、黃世琤、柯華葳，民96）。幼兒
的象徵遊戲、社會戲劇遊戲活動，提供幼兒充分的社會學習機
會，例如，學習如何加入一個團體、如何與他人相處、如何分

工合作、如何與他人協調、如何遵守遊戲規則、如何與人分享等。

5.具有心理治療的功能：幼兒透過遊戲中的角色扮演，常將自己裝扮成大人的模樣，父母或教師若能細心觀察幼兒遊戲時的表情及行為，便可藉「遊戲治療法」（play therapy）探究其不良適應的根源，消除其心靈創傷、緊張、焦慮或恐懼、不滿的心緒，以達到心理治療的功能。

6.提升智力的發展：幼兒透過富幻想與創造性的遊戲，從中獲得新經驗，並與舊經驗相連結，而能充分刺激其智慧潛能，促進智力發展。如遊戲對於發展幼兒感覺、知覺、增進記憶與判斷、發揮想像力，以及增進注意力與推理能力，都有深切的影響。Combs-Orme、Nixon與Herrod（2011）進行研究發現，父母親認為除了陪孩子閱讀外，益智遊戲可以增進兒童思考邏輯的發展。

7.訓練感官能力的協調發展：許多遊戲需要手足敏捷、眼光神速、感覺靈敏、腦筋聰明，方能順利進行，是故，遊戲可以促進幼兒視覺、聽覺、觸覺以及各種感官的協調聯繫與手腦並用。

8.可以促進語言發展：Westerveld與Moran（2011）發現，兒童從最喜歡的遊戲或體育可增進語法準確性和言語流暢。

六、社會行為的發展特徵與需要（兒童社會化之過程）

Howard（2011）強調，充分的營養有助於兒童社會技能發展。兒童發展除了應有的營養與照顧需求外，Anme與Segal（2010）發現，保育品質有助兒童各項發展，在日本有越來越多的婦女加入保育工作行列，進行22,819位六歲以下幼兒接受保育課程方案的研究，發現

幼兒在社交能力發展上的有效性。Manso、Garcia-Baamonde與Alonso
（2011）指出，家長和他們的孩子進行有效溝通可以提高孩子的社會
情感的發展。

(一)嬰幼兒時期（出生至二歲）的發展特徵與需要

1.自我中心：自我中心強，並不關心別人的存在，需要成人予以
個別的關懷。
2.富於模仿：模仿性強，許多成人或幼兒的社會行為均為其模仿
的範圍，故應給予良好的示範。
3.缺乏道德意識：道德意識尚未形成，無分辨是非善惡之能力，
是成人所應理解的。

(二)兒童早期（二歲至六歲）的發展特徵與需要

1.連合遊戲：玩伴已由成人轉向同齡幼兒，因組織能力差，故玩
伴少，良好玩伴的選擇是最重要者。
2.個性的發展：三歲以後的幼兒開始發展個性，亦對成人的權威
產生反抗，成人在可能的範圍之內，不應給予太多的限制，使
其個性能發揮。
3.社會的認可：此期幼兒需要社會的認可，尤其是社會讚許，幼
兒最先需要成人認可，其次要求友伴認可。
4.同情心：如看見別人跌倒時，會去安慰他。

七、氣質

遺傳學上認為氣質與人格發展有相關（Rothbart & Bates, 2007）。
人格學家Allport（1937）認為氣質是指與個體情緒有關的各種現象，

包括個體對情緒刺激的敏感性、反應強度、反應頻率、情緒強度和情緒本質等特徵（引自王佩玲，民92a）。氣質自孩子出生開始，即扮演著很重要的角色，不僅影響早期親子關係的建立，同時隨著孩子的成長，與外界接觸機會增多，氣質特徵也會影響孩子的社會化過程、人際關係、適應能力、學業成就等。

(一)氣質理論概念（黃志成、王淑芬、陳玉玟，民97）

對於氣質的研究有三個主要的論點，說明如下：

◆人格理論

1. 氣質具有遺傳的人格特性，出現在生命的初期，Thomas和Chess兩人認為氣質需要具備兩個特性：第一種特性是具有遺傳性，如同智商；第二種特性是氣質特徵，是在嬰兒時期出現，尤其是在生命的第一年，已可區辨他的人格特質。
2. 氣質是人格的一部分，具生物性、穩定性，是個人一般行為的部分。

◆行為反應理論

1. 氣質是獨立性的心理特質：氣質不同於動機、能力和人格，也不屬於認知、動機或情緒等心理特性，不過在個體的成長過程中，氣質會與這些心理屬性互動，在互動的過程中，會使得孩子在特定的情境下，表現出他的行為反應。
2. 氣質是一種對外在刺激、期望或要求的反應，當外在環境對個體心理特質產生影響時，氣質對這種影響會產生互動或介入的功能，所以相同的刺激對個體會產生不同的行為。

◆情緒／生理調節理論

1. 氣質具有相當的穩定性，並植基於生物性的基礎上，是一種具

　　　有自主反應及自我調解個別差異的特性。

2.氣質在嬰兒時期是包括活動量、微笑、害怕、忍受挫折的程度
　及適應性，在成人時包括自主反應、壓力反應、腦皮質反應對
　不舒服的敏感度、害怕、挫折、傷心、快樂的反應程度、注意
　力分散度及行為壓抑性等等。

3.氣質是人格的部分，因人格包括認知結構，如自我概念及特定
　的期望和態度，同時也涵蓋在個體與環境間的知覺性及反應性
　的策略。

4.氣質是每一個人生下來先天就決定的，也就是身體內外在刺激
　的反應方式。氣質會因不同看法而有不同的結論，但大致歸納
　出，氣質具有遺傳的特質，是個體在日常生活中所表現出的行
　為模式。每一個人具有不同氣質獨特性，這種先天對身體內外
　在的刺激所表現出來的行為模式，均以行為作為基礎，此基礎
　受遺傳影響故仍具有一定的穩定性。

(二)氣質的向度

　　　Thomas和Chess在1950至1960年代，提出氣質與環境為相互影響
的概念：環境會影響孩子的氣質特性，相對的，氣質也會影響環境
中的判斷、態度和行為（引自王佩玲，民92a）。1956年美國兩位小
兒科醫生在紐約地區開始長期追蹤研究，其中一共追蹤了141位出生
於中產階級家庭的新生兒及其父母，受訪的問題包羅萬象，如孩子的
餵食行為、睡眠習慣、遊戲、對陌生人的反應等。研究者將早期資料
歸納後，將嬰兒行為分成九個向度，以作為氣質之定義（郭靜晃，民
97）。嬰兒氣質向度說明如下（黃志成、林貞谷、張培英，民93；王
淑楨、黃志成，民98）：

　　　1.活動量（activity）：指嬰幼兒全天的活動量大或小、多或少，

例如有的嬰兒動個不停，不管是躺著或抱著，即使是餵奶、洗澡時也不斷地動來動去；但也有些嬰兒則文靜多了，活動量較小，看起來較斯文。

2. 規律性（rhythmicity）：指嬰幼兒反覆性的生理機能，如睡眠和清醒的時間、饑餓和食量等都有很好準時的生理時鐘；但有些嬰幼兒則表現得很散漫，生活秩序並不規律。

3. 趨避性（approach）：所謂趨避性是指初次接觸新的人、事、物的行為反應。趨性傾向的嬰幼兒，能馬上接受新的食物並嚥下，能接受初次來家中的客人；避性的嬰幼兒則相反。

4. 適應性（adaptability）：指嬰幼兒在接觸陌生的人、新的環境、新的玩具時，能表現出處之泰然的態度，繼續地與人互動、融入環境、把玩新玩具。反之，適應性差的嬰幼兒，對於環境中人、事、物的改變，會顯得無法適應，例如換個地點洗澡即無法接受。

5. 反應閾（threshold）：指嬰幼兒對感覺（如嗅覺、溫覺等）外界環境事物及社會接觸（如叫他的名字），引起可識別反應所需的量，例如：當媽媽的外表或服飾有明顯的改變時（換新髮型或新衣服），嬰幼兒會注意看，表示反應閾低（亦即一點點刺激就能引起反應）。

6. 反應強度（intensity of reaction）：指嬰幼兒面對內在或外在的刺激時，反應很激烈或微弱，如肚子餓的時候，哭得很大聲，表示反應強度激烈，若只輕聲哭泣，則表示反應強度弱。根據Sanson等人（2009）的研究顯示，兒童的反應強度會影響兒童後期的社會技能與學校適應。以社會適應為例，一位凡事大驚小怪的學生，顯然較無法引起同儕的認同，進而影響社會適應。

7. 情緒本質（quality of mood）：情緒本質好的嬰幼兒常會咕咕

笑，看起來好可愛，反之，則常悶悶不樂。喜怒無常的情緒特徵可能是心理因素的情緒障礙（Durbin, 2010），也會影響孩子社會能力發展（Bush, Lengua, & Colder, 2010）。例如：在為他換尿布或衣服時，嬰兒會發出愉快的聲音或愉悅的表情。

8. 注意力分散度（distractibility）：注意力分散程度是兒童重要的社會功能（Sterry et al, 2010）。指嬰幼兒在從事某一項活動時（如喝奶、洗澡、穿衣），是否容易受其他刺激所影響，表現出停止原有之活動，或轉換到新刺激的活動。例如：當有人從身邊走過時，會停止原來的活動而注意觀看，表示注意力分散度大。

9. 堅持度（persistence）：堅持度強的嬰幼兒較能持續某一種活動，即使遇到挫折或干擾時，也會持之以恆，反之則不然。例如：可持續觀看其他小朋友玩遊戲達數分鐘者表示堅持度高。

(三)氣質的類型

Thomas與Chess（1977）認為嬰幼兒氣質的某些成分常可以預測的方式群集出現，而可分為三大類，參與紐約縱貫研究的一百四十一個嬰兒，大多數可以歸入這三種氣質類型（引自王佩玲，民92a）：

1. 安樂型（easy temperament）：此類嬰幼兒情緒穩定，經常心情愉快，對新經驗易於接受且適應，他們的習慣是規則而可預期的。

2. 困難型（difficult temperament）：此類嬰幼兒是好動、易怒、習慣不規則，對例行事件的改變反應激烈，對陌生人和新情境的適應很緩慢。

3. 慢吞吞型（slow-to-warm-up temperament）：這類兒童比較不愛動、喜怒無常、對陌生人和新情境的適應很緩慢，但反應通常

較為溫和。例如：他們會以移開視線抗拒別人的安撫，而不是
拳打腳踢或尖叫。

(四)氣質的特徵（王淑楨、黃志成，民99）

兒童的氣質具有下列之特徵，說明如下：

1.氣質具遺傳性，並在某一段時間會呈現穩定的狀態（王佩玲，
民92b）。
2.在遺傳學上氣質與人格發展是有相關的（Rothbart & Bates,
2007）。
3.氣質對個人行為或動作發展深具影響力，例如活動量大的兒
童，可能有利於發展粗細動作。
4.氣質無絕對的好與壞（王佩玲，民99）。而父母親的教養行為
會影響兒童氣質反應的變化（Blandon et al., 2010），但兒童氣
質會影響到依附的發展（Benish-Weisman, Steinberg & Knafo,
2010）。
5.種族與氣質有相關（Dote-Kwan & Chen, 2010）。以規律性為
例，有些種族可能每天會有固定的宗教膜拜儀式，或有固定的
文化活動，或對子女的教育有一定的規範，易養成孩子的規律
性。
6.兒童氣質在不同年齡都有差異性，反映了兒童重要的發展
（Molfese et al., 2010）。

(五)影響氣質的相關因素（楊惠琴、許瑛巧、賴佳菁，民96；王淑楨、黃志成，民97；陳富美，民95；江秀英、李宜賢，民100）

1.個人因素：情緒調節能力在嬰幼兒期快速發展，其影響因素包
括孩子本身的人格特性。此外，性別、出生序、年齡也是相關

的影響因素。

2.家庭因素：除父母的婚姻狀況、父母的性別、父母社經地位、子女數外，父母教養方式、家庭成員、家庭規則、家庭權力彼此間交互作用的歷程都會影響兒童氣質，若家庭系統能發揮正向的功能，兒童便能發展出自動自發、主動好奇、行動有方向及擁有責任感，進而在人際關係、智力和體能上能應付自如、自我掌握，對即將面臨的青春期也能發展更明確的自我概念與自我追尋的目標方向。

3.環境因素：包括社會規範、社區環境等不同因素，會造就不同的兒童氣質。

4.學校因素：如班級氣氛影響兒童氣質。而學校的學習環境、人、事、物互動歷程中，均對兒童氣質產生或多或少的影響。

八、依戀

(一)意義

指嬰幼兒接近、依賴父母，惟恐父母離開的情形。一般而言，嬰兒剛出生時，並沒有特定的依戀對象，慢慢地，產生對主要照顧者（通常是母親）的依戀（或稱依附，attachment），當依戀對象在身邊時，會有安全感，不在時會有不安全感。依戀是個體的一種原始驅力，會與依戀對象產生雙向且緊密的情感連結，這樣的情感連結是獨特、強烈且持久的，即使經歷一段長時間的發展，依附

關係仍會持續著，也會影響個體的自我概念、社會能力、情緒、行為模式與人格發展。

(二)依戀行為

指嬰幼兒依戀父母親所表現的情感性依賴與親近行為。嬰幼兒依戀傾向是從嬰幼兒與父母親在互動中的經驗，將父母親的溫暖、關愛、拒絕、不安全感等所有訊息內化到內在心理，再由嬰幼兒表現的行為或反應等現象呈現出來，因此嬰幼兒的依戀傾向，強烈受到親子的互動經驗影響，而互動品質變成為重要指標。依戀行為通常在嬰幼兒害怕、疲倦時最明顯。嬰幼兒為了得到照顧者的保護，會發出一些如哭、笑的訊號行為（signaling behavior）來維持與照顧者間的互動，形成和照顧者情感連結的依戀關係。

(三)親子依戀的四個階段

Bowlby（1980）將依戀關係的發展分為四個階段（如**表2-2**），分述如下：

1.無特定對象的社會反應：由出生至二個月，嬰兒所發出的訊號（啼哭、微笑）並沒有特定對象，但訊號有社會功能。從這個

表2-2　Bowlby的依戀四階段

階段	年齡	行為
1	出生至二個月	隨意微笑、讓任何人擁抱
2	二個月至七個月	選擇性互動，對所有喜愛的人微笑，比較陌生人和主要照顧者的臉
3	七個月至二歲	依戀主要照顧者，主要照顧者不在時會哭，試圖跟隨，對陌生人懷著戒心
4	二歲或二歲半起	具有完整性記憶力，知道照顧者雖不在眼前也不會消失，開始與同儕建立關係

時候開始，嬰兒就會對周遭他人的舉動，有一些天生本能的反應，特別是人的臉孔會影起嬰兒強烈的興趣，這些都象徵著嬰兒和照顧者互動的開始。

2. 對特定對象的社會反應：由二個月至七個月，嬰兒能分辨親人、生人的差別，也對親人有明顯的偏好；他的微笑、啼哭也有特定對象。

3. 依戀的建立：約從七個月至二歲，嬰幼兒十分明顯的只要「媽媽」，別人無法替代。此時會有「分離抗議」，擔心依戀對象是否再回來。

4. 相似目標的建立：約從二歲或二歲半開始，幼兒能逐漸忍受與依戀對象暫時的分離，並且和其他家人、同儕建立起關係。

(四)依戀行為的模型

依戀和嬰幼兒的心理健康有密切的聯繫，在嬰幼兒生活的每個階段都對撫養人有不同的需求，每個階段有特定的發展需要和弱點，年幼兒童對成年人的依戀是發展的一個關鍵階段，它是情緒健康、社會關係以及幼兒對成人看法的基礎，信任和建立關係的能力將影響情緒健康、安全感以及以後的發展和與人的關係（鄭敦淳、江玉龍，民95）。依戀行為具有適應環境的生物功能，為了滿足安全及生存的基本需求，嬰幼兒主動親近依戀對象，尋求心理上的安全感，當依戀對象能敏覺幼兒的依戀訊號且適當回應時，幼兒才能滿足安全需求，產生足夠的信心，勇敢的向外探索環境，假如依戀對象不能滿足幼兒的需求時，幼兒只好使用各種扭曲的防衛方式，選擇不適當的行為因應，以示抗議。

◆依戀行為的模型

1. 安全依戀型：這類嬰兒和媽媽待在陌生的環境時，能自己玩玩

具，和陌生人接觸。
但媽媽離開時，會有
不安的反應，甚至
哭、鬧，不過媽媽一
回來，會趨前擁抱並
安靜下來玩玩具。藉
由安全依戀關係的建

立，能促進幼兒正向的自我概念與信心，形成較佳的人格發展
模式。葉俐君（民97）研究發現，「權威開明型」父母的教養
方式產生安全的依附。安全型依附感的幼兒容易和父母形成正
面的情感連結，幼兒來自主要照顧者有責任感、溫暖、有情愛
的家庭，當他們長大後，在面對感情關係時，多半也會用過去
的經驗去面對別人（陳淑貞、翁毓秀，民95）。

2.不安全依戀型：這類嬰幼兒在陌生環境中，較缺少探索和遊戲
行為，緊黏著媽媽哭鬧。當媽媽離開時，情緒更激烈，但媽媽
回來後，卻一方面要媽媽抱，一方面又想掙扎著下來。當早期
的嬰幼兒需要照顧者的保護、支持與關愛時，若一直被拒絕，
則嬰幼兒會學會忽略照顧者的存在，其自我視自己是孤獨及不
被需要的，視他人為拒絕與不可信任的。

3.逃避依戀型：這類型嬰幼兒在陌生環境中，不論媽媽在不在場
都沒有很強烈的情緒反應。只有獨處時才會顯得不安，但只要
有人（陌生人亦可）陪伴，也可安撫他們的情緒。逃避依戀型
行為的嬰幼兒可預測日後有較高的行為問題（Fearon & Belsky,
2011）。

◆影響依附關係的成因

1.嬰幼兒本身的氣質：有些嬰幼兒與生俱來的氣質較為謹慎，對

於新經驗的調適與形成有些困難。

2.養育方式的不同：不同的父母親採取不同的教養方式（陳淑貞、翁毓秀，民95；葉俐君，民97）。

3.對父母親的依附：視每位父母親參與照顧嬰幼兒的時間與頻率不同而有所差異。

4.與同儕的互動：嬰幼兒在與同儕互動的機會多寡。

九、道德行為的發展

(一)皮亞傑的道德發展階段

皮亞傑將兒童的道德發展分為三個階段，說明如下：

1.無律階段：約從出生到四歲的幼兒，缺乏服從規則的意識，規則對他而言，都是若有似無，似懂非懂，故幼兒的行為可說是無規範的活動。

2.他律階段：約從四歲到八歲的兒童，逐漸意識到一些行為規範，認為應該忠實地服從這些規則，如果逾越就是「壞孩子」。

3.自律階段：約從八歲到十二歲的兒童，開始認識一些道德規範，不再是一切以權威為依歸，而能自己約束自己的行為。

(二)柯爾堡的道德發展階段

柯爾堡（Lawrence Kohlberg）的道德發展階段共分三個層次六個階段，說明如下：

◆習俗前期

約在九歲以前，本期分為兩階段：

1.重懲罰與服從：主要特徵爲幼兒對權威的服從，同時幼兒相當關心制裁與處罰，認爲凡是會被處罰的事最好不要做。

2.重手段與互惠：兒童的一切行爲以滿足自己爲主，雖然偶爾他也會滿足別人，但只是一種互惠性的人際關係。

◆習俗期

約在九歲至十五歲，本期分爲兩階段：

1.重和諧與順從：兒童行爲表現出善意，並會符合他人的期望。

2.重法律與秩序：兒童具有盡責、尊重權威和爲社會而維持秩序的導向。

◆習俗後期

約在十六歲以後，本期分爲兩階段：

1.重公約與法理：此期青少年認爲應以民主方式決定衆人之意見來改善衝突，並重視一切法律規章制定過程的合理性。

2.重普遍倫理道德原則：此期青少年認爲只要是正當的事，都可付諸實踐，並對人類的生命、平等和尊嚴具有至高的評價。

十、人格發展

(一)佛洛依德的人格結構

佛洛依德將人格結構分爲本我（id）、自我（ego）、超我（superego）三個部分（引自黃志成，民94）（如**表2-3**）。

1.本我：爲個人與生俱來的一種人格原始基礎，本我只包括一些本能性的衝動，係受「唯樂原則」的支配，其行爲動機純

表2-3　Freud的人格結構

期別	發展階段	特徵，心理社會危機	發展不均或不良的影響
本我	出生就有	滿足基本生理需求（物慾及性）	本我太強，自我不能控制，容易受物慾引誘，而有犯過或犯罪行為
自我	三歲開始發展	調和本我與自我而做決定	自我功能不佳，不易做正確的判斷，易受不良遊伴引誘而犯罪
超我	六歲開始發展	超我類似於道德感、良知、是非對錯觀念	超我太強，本我被壓抑、自我不能伸張，容易成為心理失調、精神疾病或高度意志型的人格特質

在追求生物性需要的滿足與避免痛苦。初生嬰兒其人格之構成成分，只含有本我部分，只求生物性的需要與滿足。

2. 自我：自我乃是人格的核心，個體能適度的調理自己的行為以適應環境，因此，自我是受「現實原則」支配的。自我一方面管制本我的原始衝動，另一方面又要協助本我使其需要得以滿足，調節並解決本我和超自我之間的衝突。

3. 超我：為人格結構中最高層的部分，即「良心」或「良知」的部分，超我對本我與自我有監察的功能。超我是後天學習而建立的，受到「完美原則」的支配。

(二)佛洛依德的人格發展

佛洛依德的人格發展分為口腔期、肛門期、性器期、性潛伏期、生殖期五個階段（如**表2-4**），茲分述如下：

1. 口腔期：初生到週歲的嬰兒，以口腔一帶的活動為主，嬰兒從吸吮、吞嚥、咀嚼等口腔活動，獲得快感。若嬰兒口腔的活動得不到滿足時，將來會發展成悲觀、依賴、被動、退縮、仇視等性格。

2. 肛門期：從一歲到三歲左右的幼兒，對肛門內糞便的存留與排

表2-4　Freud的人格發展

發展階段	性焦點	關鍵任務	發展特徵	固著
口腔期 0-1歲	口腔	斷奶 （母奶或奶瓶）	口腔與上消化道為感官刺激和愉悅的主要來源	過度飲食、說話、吸菸、酗酒
肛門期 1-3歲	肛門	如廁訓練	肛門與下消化道是重點，愉悅來自於抑制或是排泄	固執性、強迫、占有慾
性器期 3-6歲	生殖器	戀母情節、成人角色楷模認同	愉悅的獲得源於生殖器部位，產生戀母或戀父情結且能辨認父母親	同性戀、自戀、傲慢、浮華
性潛伏期 6-12歲	無	社會關係	著重於興趣的追求與抑制或否認性方面的需求	
生殖期 12歲上	性交	發展親密關係	性成熟，有性需求及生殖能力	

泄，均感到愉快與滿足。若是父母對幼兒大小便訓練過於嚴格，容易導致冷酷、無情、頑固、吝嗇、暴躁等性格。

3.性器期：約三歲至六歲的幼兒，性器官變為獲取快感的中心，幼兒常有自慰的行為。此時在行為上最顯著的現象是：一方面開始模擬父母中同性別者的行為，另一方面以父母中之異性者為愛戀的對象。說明如下：

(1)戀父情結：此期之女童愛戀自己的父親，產生陽具妒羨，而排斥自己的母親。但在此期之後期（五、六歲）終會覺得自己不是母親的對手，而開始認同母親。

(2)戀母情結（又稱伊底帕斯情結，Oedipus complex）：此期之男童愛戀自己的母親，排斥自己的父親，產生閹割恐懼。但在此期之後期（五、六歲）終會覺得自己不是父親的對手，而開始認同父親。

4.性潛伏期：兒童到六歲以後，其性的衝動進入潛伏期，此期一

方面人格的超自我部分的發展，另一方面由於其活動範圍的擴
大，終而把對父母的性衝動，轉向讀書、交友、遊玩等活動。

5. 生殖期（或稱兩性期）：進入青春期後，由於生理的成熟，常
有性的衝動，在心理上開始對異性產生愛慕的現象。

(三)艾力克森的心理社會發展學說

艾力克森（Eric H. Erikson）的心理社會發展學說八大階段中（如
表2-5），以發展觀點看待人的發展，強調每一階段有其基本的課題或
任務必須完成，而這些課題或任務乃是由生理驅力、社會和文化對不
同年齡個體的期待所決定，人的發展過程具有連續性，每一階段之間
具有相關性存在（林桂如，民96）。

1. 嬰兒期：此期相當於幼兒出生後的第一年，稱信任對不信任期。
嬰兒如能獲得各種需要的滿足，得到成人的關愛，必有安全感，
則會發展對人的信任感，否則會向另一極端發展為不信任感。

2. 幼兒期：此期相當於生命中的第二、三年，稱自主對羞愧疑惑
期。幼兒在此期已具有行走、攀爬、推拉等動作能力，這些動
作有助於幼兒建立自我控制的自主能力，使其願意自己來從事
每一件事情。若成人不給其表現能力的機會，則會懷疑自己
的能力與羞愧無能的感覺。西方的研究文獻大多指出父母或照
顧者若多一點鼓勵與包容，則能讓幼兒對自己的行為產生控制
感，發展出初步的自信心，從而比較願意嘗試自己的能力、探
索新的事物；反之，若父母或照顧者過分嚴厲與限制，幼兒則
會對自己失敗的行為感到羞恥，因而對自己控制自己行為的能
力產生懷疑，容易形成較退縮的性格（林慧芬，民95）。

3. 遊戲期：相當於幼兒四歲到五歲，稱自發對內疚期（黃志成、林
少雀、王淑楨，民99）。此時幼兒自己會主動發動各種活動，

表2-5　Erikson的心理社會發展階段

階段	任務	心理社會危機	重要事件
嬰兒期	愛的需求滿足	信任vs.不信任	哺乳餵食
幼兒期	探測環境	自主vs.羞愧／疑惑	如廁
遊戲期	獨自籌劃做遊戲	自發vs.內疚／罪惡感	活動
學齡期	學習學校課程	勤勉vs.自卑	學校
青春期	認識自己——身分確定	自我認同vs.認同混淆	同儕
成年初期	社會化發展增進人際關係	親密vs.孤立	愛情
中年期	事業發展有助人意願	自我實現vs.停滯不前	父母角色、創造力
老年期	對一生成就之檢討	統整vs.絕望	回顧與接納

如騎腳踏車、溜滑梯等，如幼兒有機會自動活動，就會建立自動自發的主動性（進取），否則會發展成內疚感（罪惡感）。

4. 學齡期：相當於兒童六歲到十一歲，稱勤勉對自卑期，此期兒童會做服從規則的遊戲，會興趣濃厚的製造玩具，建立勤奮學習的責任感。若成人不給機會，甚至加以責罰，兒童會趨向自卑感的方向發展。

5. 青春期：發展目標為自我認同，發展危機為認同混淆。

6. 成年初期：發展目標為親密，發展危機為孤立。

7. 中年期：發展目標為自我實現，發展危機為停滯不前。

8. 老年期：發展目標為統整，發展危機為絕望。

(四)教養方式對幼兒人格的影響

父母如何將價值、目標、技巧和態度傳遞給下一代即為教養態

度（Spera, 2005）。Merjonen等人（2011）指出，父母教養方式會影響兒童人格的發展。也會影響兒童氣質反應的變化（Blandon et al, 2010）。尤其當孩子有焦慮的行為出現時，如果母親能夠對孩子有肢體的碰觸、說話聲音輕柔並且語言上的鼓勵，可以協助孩子緩和焦慮，如果父親能夠鼓勵孩子並教導孩子管理情緒，是孩子改善狀況最重要的發展關鍵（Dittman et al., 2011）。人格形成與父母對兒童的教養態度有很大的關聯（黃天、谷芊、邱妍祥，民96）。Johnston（2011）認為父母親應該瞭解孩子的能力，好的教養方式應該要順應孩子的能力，勿過度期待。教養方式的類型很多，以下分四類加以分析：

◆權威式

亦即專制的管教方式，父母是用嚴格、命令與處罰的方式強迫幼兒服從，權威式管教下的幼兒，表現出較多具有反抗、挑釁和攻擊性的行為，性格上可能較為殘忍和孤僻。而將使幼兒感到家庭缺乏溫暖，對父母親無親切感，容易造成問題幼兒的產生。Caputo（2004）研究發現，專制權威的父母給予子女嚴格的監督和控制，因此專制權威的父母所管教出來的子女發生偏差比例較高。Paschall等人（2003）研究亦指出，母親對子女的控制會決定子女偏差行為的發生。

◆放任式

乃指父母讓幼兒盡量去做自己高興的事，認為幼兒從行動的結果，學習到對與錯的觀念。放任式的教育由於管教過寬，容易流於溺愛，養成幼兒驕縱的性格，意志薄弱，缺乏克服困難的勇氣，此種管教方式，也容易造成問題幼兒的產生。

◆民主式

乃指父母較偏於允許的態度，較瞭解幼兒的需要和能力，讓幼兒

有發表意見的機會，並能給予適度的滿足。此類型的教養態度對子女的要求是公平且合理的，子女也較能心悅誠服的順從（Kochanska et al., 2002）。在這種民主的管教方式下，幼兒的身心得到良好的發展，較能表現出自動自發、樂觀、合作、自尊的人格特質。

◆忽視冷漠

　　指父母對幼兒的行為較少要求或控制，對幼兒的行為表現也很少給予反應；父母對孩子較少情感的涉入，很少顧及幼兒的需求，一種完全以成人自己為中心的管教方式。父母教養態度是冷漠的教養方式，對子女情緒控制有極不良影響，不利於子女的心理社會能力及自主性。Speirs Neumeister和Finch（2006）指出，忽視冷漠型的教養方式易產生不安全的依附。Mistry等人（2002）研究發現，忽視冷漠型的教養態度影響孩子的發展。忽視和冷漠是兒童發展的主要障礙，這些影響因素可能使一個兒童的行為變得混亂而使人厭煩（陳萍、王茜譯，民94）。不同管教方式的特徵及對幼兒的影響說明如**表2-6**。

表2-6　不同的管教方式對兒童可能的影響

管教方式	特徵	影響
權威式	父母是用嚴格、命令與處罰的方式強迫幼兒服從	社交和認知的能力平平、懼怕、不快樂、無目標、易怒、被動的敵意、因應壓力的能力不佳
放任式	父母讓幼兒盡量去做自己高興的事，對幼兒缺乏管教	由於管教過寬、容易流於溺愛，養成幼兒驕縱的性格，意志薄弱，缺乏克服困難的勇氣
民主式	較偏於允許的態度，較瞭解幼兒的需要和能力，讓幼兒有發表意見的機會，並能給予適度的滿足	幼兒的身心得有良好的發展，較能表現出自動自發、樂觀、合作、自尊的人格特質
忽視冷漠	對孩子行為較少要求或控制，也很少給予反應，對孩子較少情感的涉入，很少顧及孩子的需求，是一種完全以成人自己為中心的管教方式	低自我控制、社交和認知能力脆弱、叛逆、衝動、攻擊

(五)親職教育目的、功能、重要性

教養方式影響幼兒發展甚鉅，而教養方式除了父母親本身的社經
地位、家庭狀況、子女數、家庭結構等因素外（王淑楨、黃志成，民
97），其中最主要原則就是要有好的親職教養知識，根據內政部兒童局
全球資訊網（民100）統計，兒童局全球資訊網（民100）統計，兒童及
少年保護案件分析中，呈現施虐因素第一名為主要照顧者缺乏親職教養
知識，在99年通報量達13,144件，98年通報量為5,669件，從**表2-7**中可看
出因缺乏親職教養知識導致兒少被不幸對待有嚴重的趨勢。

表2-7　兒童及少年保護案件──施虐因素

年別	缺乏親職教育	婚姻失調	貧困	失業	酗酒藥物濫用	精神疾病	人格違常	迷信	童年受虐經驗	其他
93年	2,994	1,819	796	709	1,125	333	228	40	156	673
94年	4,083	2,526	976	792	1,384	507	241	57	110	785
95年	4,091	2,274	915	777	1,418	391	155	33	89	1,666
96年	6,348	2,823	1,229	979	1,743	584	283	31	94	2,614
97年	5,955	2,802	1,166	902	1,464	576	253	35	134	2,653
98年	5,669	2,703	1,161	1,104	1,672	584	247	37	129	3,120
99年	13,144	7,032	3,144	1,835	2,558	1,490	422	110	318	3,109

資料來源：內政部兒童局全球資訊網（民100）。

從**表2-7**可知，親職教育知識對子女影響很重要，影響到孩子的成
長，茲將親職教育的目的、功能與重要性分述如下（邱珍琬，民98；
王鍾和，民98；黃德祥，民95）：

◆親職教育的目的

1.教導父母學習有效的親子溝通方法。

2.增進正確的教養方式與知能。

3.協助父母扮演適當的角色養成良好的行為規範。

4.協助特殊兒童的父母克服教養上的困境。

5.提供教養子女身心發展需求的相關知識。

6.協助父母教導子女提高成就、發展潛能。

◆親職教育的功能

1.家庭功能與父母角色的扮演：

(1)生養育的功能：父母生育子女除了傳宗接代外，更需重視優生保健，提升下一代的品質。

(2)保護的功能：孩子成長過程中父母須合理的保護子女，並適時給予關懷、支持與引導。

(3)經濟的功能：父母除了提供經濟外，更需自幼讓子女學習正確的消費態度與習慣，以便日後能有效的規劃與管理自己的收支。

(4)教育的功能：孩子第一個學習場所是家庭，孩子在父母的協助、示範、規範、指導下逐漸社會化，孩子的認知發展有賴父母提供一個適切的學習與社會刺激（如語言、愛撫、活動等）的環境來供子女探索與互動。

(5)情感與愛的功能：當社會急遽變遷，人與人之間愈來愈疏離與冷漠，家庭變成了情感與愛的主要提供者。

(6)娛樂的功能：在緊張忙碌的社會中，家庭休閒活動是不可缺少的，提供親子間互動的機會，使家人彼此間更瞭解，成員凝聚力更強。

(7)宗教信仰的功能：宗教信仰亦是家庭中一股重要的凝聚力量，正確的宗教信仰態度可培養孩子正向、寬闊、包容與充滿信心的人生觀。

2.社會變遷對家庭的影響：

　(1)生活水準提升，經濟成長使家庭收入增加。

　(2)都市謀生機會多，各項公共設施普及，吸引大量人口與家庭
　　　集中都市。

　(3)家庭結構改變，老人問題興起。

　(4)生育率下降，離婚率升高。

　(5)婦女就業人口增加。

　(6)家庭結構改變。

3.個人與家庭發展：

　(1)家庭的本質：

　　　‧家庭是兩個人以上組合而成的團體。

　　　‧家庭是經由血緣、婚姻或收養關係而形成的。

　　　‧家庭成員間有心理與情感上的隸屬感。

　　　‧生養與教育子女是家庭的重要任務。

　　　‧家庭是最普遍的社會體制。

　　　‧家庭是最能滿足個人身心需求的團體。

　(2)個人與家庭發展歷程：

　　　‧個人發展歷程：嬰兒期→兒童期→青少年期→成人期→中
　　　　年期→老年期→老年後期。

　　　‧家庭生命週期：新婚期→幼兒教養期→學齡前期→學齡期
　　　　→青少年期→成年期（發射中心期）→中年期→老年期。

◆親職教育的重要性

1.對幼兒：就精神分析論的觀點，佛洛依德強調早期生活經驗的
　重要性，艾力克森也強調在幼兒期若照顧得宜，會往發展的目
　標邁進，這裡所謂的發展目標包括對人的信任、自主、自動自
　發和勤勉。因此，為人父母在接受親職教育之後，更能成為稱

職的父母親，對幼兒的身心發展產生正向的功能。

2. 對父母：人類文明的進步，對人口素質的提升也起了帶動作用，而欲達成人口素質提升的目的，幼兒教育是最重要的手段之一，而父母是幼兒教育的啟蒙者，自當負起此一重責大任。然而高素質的人口，就有賴高品質的家庭教育，而高品質的家庭教育就有賴父母以更專業的知能來教養下一代，而親職教育的實施，就可以提升父母教養子女的知能。

3. 對學校：學校與家庭對幼兒的教育可謂是相輔相成，一位成功的父母親必能教出好幼兒，基於這個基礎，學校的老師更可以發揮自己的專業，教導兒童邁向卓越；反之，若是父母怠忽職守，未善盡教導之責，則學校的老師必須要花更多的時間與精力去輔導幼兒學習上的障礙與不良行為的糾正。因此，親職教育的實施，就消極面而言，可以間接協助老師輔導學生；就積極面而言，可以讓老師有更充裕的時間，發揮自己的專業，好好教導學生。

4. 對社會：文明、進步、祥和的社會是大家所追求的，欲達成這一個目標，有賴稱職的父母好好的教養下一代。幼兒自小接受適當的家庭教育，日後必能成為堂堂正正的國民；反之，若家庭教育不當，常造成社會上的不良份子，危害社會。因此，實施親職教育，可對社會造成正面的功能。

5. 對國家：「國之本在於家」，強盛的國家來自於安和樂利的社會，善良的社會風氣根植於健全合諧的家庭。

(六)親職教育訓練模式

◆溝通分析法

溝通分析（Transactional Analysis, TA），由精神科醫師愛瑞克‧

柏恩（Eric Berne）所創始，又稱交流分析法，其主要論述爲：

1.自我狀態：

　(1)父母自我狀態（Parent，簡稱P）。

　(2)成人自我狀態（Adult，簡稱A）。

　(3)兒童自我狀態（Child，簡稱C）。

2.基本人生態度：

　(1)我好—你好（I'm OK—You're OK）。

　(2)我好—你不好（I'm OK—You're not OK）。

　(3)我不好—你好（I'm not OK—You're OK）。

　(4)我不好—你不好（I'm not OK—You're not OK）。

3.溝通分析的型態：

　(1)互補溝通：這是一種適當的溝通方式，溝通途徑是平行、無阻礙，讓人能繼續對話。

　(2)交錯溝通：溝通者雙方或一方，沒有獲得預期的回應或滿足，就會造成溝通中斷。

　(3)曖昧溝通：溝通者雙方的表面行爲與實際動機不一致。

◆父母效能訓練

父母效能訓練（Parent Effectiveness Training, PET），由高登（Thomas Gordon）所設計，是美國風行甚久的一套增進父母教養能力與促進親子間關係的教育或訓練模式。說明如下：

1.父母效能訓練的運用：父母的角色。

　(1)父母就是諮商者。

　(2)父母應避免將子女的問題攬爲己有。

　(3)父母不應逃避親子衝突。

2.父母效能運用：積極傾聽、使用「我—訊息」、積極溝通。

(1)溝通技巧：傾聽、回饋、接納、避免用指責方式。

(2)表達方式：口語、非口語（微笑、表情、手勢等）。

(3)有效回饋的原則：明確而直接、不預設立場、力求簡潔，避免不必要的細節或訊息。

◆行為改變技巧

行為改變技術（Behavior Modification, BM），又稱為行為矯正方法。內容為：

1.正增強法：在所要行為之後，為受試者提供滿意、快活的經驗。物質的正增強如食物、玩具，精神的正增強如拍手鼓勵。

2.負增強法：在個體出現某種行為後，立即除去嫌惡刺激（負增強物），且對該行為產生強化作用，此種訓練過程為負增強。

3.懲罰法：利用引起個體痛苦的刺激（如體罰、辱罵），以禁止其某種行為（如攻擊、偷竊）或習慣（如說謊、上課愛講話）。亦即當個體做一不當反應時，給予嫌惡刺激。懲罰的時間與犯錯時間愈接近，效果愈好。

4.消弱（或稱忽略法）：一種行為在屢次出現後，均得不到強化，則該行為可能逐漸消失。例如：一位幼兒常因打人而引起他人之注意，若周圍的人不去理會，則此行為可能被消弱。

5.類化：在學習過程中，某一刺激與某一反應建立起連結關係後，類似的刺激也會引起同樣的反應。例如：一朝被蛇咬，三年怕草繩（草繩與蛇相似，故怕蛇之後看到草蠅亦感害怕）。

6.區辨：個體能對兩個在質或量上有異的刺激作不同的反應。例如：一位剛學會叫媽媽的嬰兒，對別的阿姨也叫媽媽（類化作用），以後當他叫錯時，則給予消弱（不理會），叫對時則給予增強（誇獎），最後他終究能區辨誰才是真正的媽媽了。

◆有效親職系統訓練

　　有效親職系統訓練（Systematic Training for Effective Parenting, STEP）是由鄧克米爾等人（Dinkmeyer & Mckay; Dinkmeyer et al.）所創的一套循序漸進，協助父母強化教養子女能力的親職教育模式，這一套模式從1980年推展至今仍受肯定。說明如下：

　　1.核心論點：
　　　(1)不良行為目標的形成與消除。
　　　(2)自然與邏輯的結果。
　　2.原則：
　　　(1)要能確認兒童行為的動機。
　　　(2)幫助兒童瞭解自己行為的動機。
　　　(3)以有用的方式去替代錯誤的目標。
　　　(4)鼓勵兒童建立新的目標。
　　　(5)以邏輯結果教導兒童。
　　　(6)利用家庭會議方式討論規則與問題。
　　3.實施重點：
　　　(1)與孩子溝通：
　　　　①反應式傾聽：
　　　　　‧注意孩子，不要讓孩子感覺你在敷衍了事。
　　　　　‧聽聽孩子的感覺，並試著客觀地界定孩子所要表達的感受。
　　　　　‧以口語的方式表達自己對孩子感受的瞭解，以進一步確認孩子的感受。
　　　　②「我──」的訊息：
　　　　　進行親子溝通時要多運用「我──」的訊息，父母除了要瞭解孩子的感受外，也應讓孩子真正瞭解父母的感受，瞭

解自己的行為所可能造成的不良後果。

(2)對孩子不當行為的處理：

①多多鼓勵孩子，以減少不當行為的發生：

‧鼓勵的重點要放在孩子身上。

‧避免負面說教，強調正面叮嚀。

‧給孩子機會表達感受。

‧鼓勵孩子態度要誠懇。

②運用自然與合乎邏輯的結果：

‧合乎邏輯結果的特點。

‧合乎邏輯結果使用時應注意的原則。

‧自然與合乎邏輯結果的實際運用。

◆父母輔導子女的技巧

幼兒生活訓練是要培養其獨立自主、自信心與生活自理能力。為孩子做個別的訓練時需秉持的原則必須先評估孩子目前的能力，要改善孩子愛吵鬧的行為，最好的方法是教導他正確的行為，並鼓勵孩子，例如對孩子顯示信心、多讚美孩子的優點、用積極的溝通方式和孩子說話，與孩子共同訂定生活常規，必須注意訂定常規後，避免朝令夕改，且常規的內容必須明確、清楚，確認孩子都聽得懂並且接受。

(七)親職教育的實施方法

◆文字通訊與電子通訊（聯絡簿、公布欄、Email、手機簡訊）

1.文字通訊：

(1)特點：方便、快速、傳達親職教育相關知能、配合時事報導、配合學校慶典與活動。

(2)注意事項：

‧通訊內容應考慮家長的需求，落實親職教育之目的。

‧文字通訊應注意措辭及流暢性，版面配置也須注意，期使讓家長一目瞭然並易於接受。

‧通訊方式應建立雙向溝通之管道，以加強親職教育推廣之效果。

(3)實施方式：

‧編印親職教育資料。

‧出版親職簡訊。

‧家庭聯絡簿。

‧製作家長手冊。

‧公布欄。

2.電子通訊：

(1)特點：內容正確、使用方便、具時效性。

(2)注意事項：

‧若家庭缺乏電腦，則無法達到傳遞親職教育訊息的功能。

‧家長若缺乏操作電腦的技能，則親職教育訊息也無法傳遞。

‧學校行政人員及教師皆須具備電腦專業知能。

‧電子通訊設備建置，成本花費較高。

(3)實施方式：電子聯絡簿、網際網路、手機簡訊。

◆演講、座談會

1.特點：

(1)演講能針對特定主題進行探討。

(2)演講可在短時間內配合家長需求傳達重要概念。

(3)藉由座談會，親師雙方可互相溝通教育理念。

(4)座談會可讓親師雙方瞭解及掌握兒童在校及在家之實際狀

　　況。

　(5)座談會可增加親師雙方之互動與瞭解。

2.注意事項：

　(1)每次演講題目及內容宜更換，讓家長學習更多的親職教育內
　　　容，勿一成不變，讓家長缺乏意願參與。

　(2)講師除具專業性外，演講時也應生動風趣，如此更能吸引家
　　　長的注意。

　(3)事前校方應配合家長時間，並落實活動宣傳工作，以讓更多
　　　家長知道訊息並樂於參與。

　(4)對於家中有幼兒的家長，校方可安排臨時托育服務，讓家長
　　　能專心參加學校所安排的活動。

　(5)活動場地應先布置，以達活動之效果：例如，主講者之講台
　　　可鋪桌巾、擺盆花、麥克風等；座談會之場地，可將桌椅擺
　　　置成ㄇ字形、馬蹄形或圓弧形，以利親師交流，若可以，也
　　　可準備小茶點，營造溫馨之氣氛。

　(6)親師座談會時，教師宜注意溝通技巧，以增進親師交流。

　(7)演講後，可安排問題討論時間，藉由專家與家長互動，解答
　　　疑問。

　(8)演講或座談會後，可將討論內容作成會議紀錄，以利校方或
　　　家長查閱。

3.實施方式：

　(1)演講。

　(2)座談會。

　(3)家庭訪問。

4.特點：

　(1)能最直接瞭解學生之家庭狀況。

　(2)能讓家長瞭解兒童的問題，尤其是學校的問題。

(3)能由家長處得到最直接的反應與需求。

(4)能及時反應家長的問題。

5.注意事項：

(1)較花費時間，如每一位兒童之家長均要作訪問時，可能要花一、兩個月，且占用老師許多下班後的個人時間。必要時，可以針對情況特殊的兒童作家庭訪問。

(2)注意自身的安全，若家庭環境特別、家長行業特殊或路況不熟，可請其他同事協同進行家訪。教師宜兩人以上結伴進行家訪，除安全考量外，並能共同解決問題。

(3)出發前應先問清楚如何前往，避免找不到路浪費時間。

(4)時間不宜過長，訪問時間一般不宜超過六十分鐘。

(5)家庭訪問後應記錄訪視內容，方便日後查閱。

(6)無論是開車或搭車，均要注意交通安全。

6.實施方式：

(1)訪談前：

‧事前準備：談話內容必須先做規劃，詳閱學生資料，掌握學生問題，瞭解學生家庭背景，做好心理準備。

‧事先約定時間：先以書面或電話與家長約定時間。

(2)訪談時：

‧營造良好的溝通氣氛：要有良好的溝通技巧，態度要誠懇、有禮貌、慎重保密的態度，建立彼此互信關係。

‧必須尊重家長對子女的態度，家長如有不當之管教方法，以從旁引導為宜，避免正面指示。

‧不任意批評或打聽學生家庭內之秘密。

‧多讚揚孩子的優點，之後再提及需改進的缺點，家長較容易接受老師的建言。

‧不在家長面前斥責學生，也不批評其他學生或其他家長。

‧若有需要可提供諮詢服務資訊。

‧除情形特殊，訪問時間不要太長。

(3)訪談後：

‧整理訪問紀錄：記錄訪問日期、時間、地點，以及訪談的內容。但避免在訪問過程中當場作紀錄。

‧答覆家長問題：訪視當天無法解決或回答的問題，返校後宜盡速答覆。

‧可進一步約談特殊狀況學生，做更深入之瞭解。

‧家長對學校之建議或反映事項，應於返校後知會相關承辦人員。

‧對需要經濟支援或精神支持的家長，尋求支持管道。

‧追蹤輔導：對學生之問題，應與家長保持連繫，作追蹤輔導。

◆家庭諮商

1.諮商（counseling）是一項專業，在輔導工作中相當重要，由受過諮商專業訓練者運用晤談及心理改變等知識及技術進行諮商。諮商的積極目的在增進人的潛能發揮及自我實現；消極目的在減少適應不良及身心困擾。

2.諮商安排：根據家庭的需要、能力及身心狀況，與諮商人員共同研擬諮商計畫並評估可行性及預期效果，諮商師會盡量尊重家庭的自由決定權，並以最佳利益為考量。

3.保密責任：諮商師有責任為其保守諮商機密。

4.諮商資料保管：諮商師應妥善保管諮商機密資料，包括紀錄、相關的書面資料及測驗資料等。

5.轉介時機：當案主要求結束諮商或問題超越諮商師的專業能力，不能給予諮商時，而諮商師研判其需要繼續諮商時，不能

繼續諮商服務時，應予轉介。

◆參與教學

父母（家長）是家庭與學校的積極夥伴與教育領導者、決策者，是卓越教育的鼓吹者，可以當義工或受僱於學校，是學生與學校的聯絡者，可以當學校教育目標與兒童學習的支持者，是學校教育的接受者及能獲得學校協助者。

◆會談

1.特點：親師會談是親師溝通的基礎，透過會談能增進教師與家長間的互動，透過親師會談，教師能瞭解家長及兒童的需求，作為教學與輔導之參考，瞭解兒童在校的實際學習狀況與行為表現，傳達學校訊息與措施。

2.注意事項：

(1)有時父母參與的程度無法達到學校預期的目標，所以要隨時檢討改進。

(2)事前擬定周詳之活動計畫，並貫徹執行，使能達到親師會談之效果。

(3)學校行政人員應出席親師會談活動，不僅對家長的參與表達支持與鼓勵，也可適時協助教師解決問題。

3.方式及內容：

(1)親師會談能提供家長參與的機會，促進教師與家長之間的合作，以下綜合學者的看法，說明召開親師會談的方式。

①召開親師會談前：

・可利用電話訪問或調查表瞭解家長的狀況，知道家長是雙薪、單親、全時或彈性工時，有助於規劃親師會談的時間；舉行的方式是電話、面對面或小團體？進行的地點是在學校、家裡、鄰近中心或家長工作處？

·學期開始前，能先告知家長學校之目標及政策，並讓家長知道學期中辦理親師會議的時間、次數與方式。

·布置溫馨的會議情境，讓親師在輕鬆舒適的環境中，互相分享，交換經驗。

②召開親師會談時：

·分析會談的內容與目的：利用雙向細目分析的方式，擬定會談主題及檢核的項目，以達成會談的目的。

·善用問問題的技巧：瞭解家長及教師的想法。例如：我的孩子做了什麼令你驚訝的事（有時孩子在家庭和學校中的表現是不一樣的）？我的孩子不想做什麼事（這個問題可讓家長及老師知道孩子喜歡或不喜歡做什麼）？在家中我要如何做，才能表示對老師的支持（這個問題可以增加家長和老師之間的情感聯繫及觀念的溝通）？

·對問題採開放的態度。

·強調經驗分享及意見交流，避免親師會談召開只是流於政策宣導的現象。

③召開親師會談後：

·確實執行親師會談的結論，加以檢討並追蹤其成效。

·將討論結果告知未出席參加親師會談的家長。

·擬定修正的做法，加以實施。

·親師會談的內容可包括學生的學習情形、行為表現、態度與價值觀、親師教育方式與理念、學校的運作、學校的特殊事件與活動等。主要的目的不外乎希望能讓孩子有更好的成長，進而促進親子溝通，提高教育效能。

◆家族治療

透過家庭系統改變來治療案主，接受輔導是要他離開輔導，自己

幫助自己，有新的思考方向、表現、影響，增加彈性，適應力，提高
心理滿足。模式包括：

1.短期家庭治療：
 (1)問題是什麼？
 (2)最後一次問題出現是什麼時候，在那裡出現？誰做了什麼？
 (3)在什麼時候，什麼情況下問題最容易出現？
 (4)問題第一次出現是在何時，當時家庭有特別事件或壓力存在
   嗎？
 (5)家庭曾用什麼方式來解決這問題？
 (6)如果要解決這問題，什麼行為需要改變？
 (7)過去處理的方法是否產生其他問題或讓問題持續惡化下去？
2.結構家族治療法：
 (1)進入家庭系統，使用家庭語言，調整（accommodation）、模
   仿、尊重現有結構及家庭發言人。
 (2)重新安排聯盟、權力（支持弱者，給予發言權）。
 (3)選擇主題進行探索。
 (4)演出情況而非描述情況。
 (5)與對方談而不是談對方。
 (6)劃清界限，增加不平衡（增加強度，有意義的影響）。
 (7)家庭重建──重新定義，調整現實。
3.策略家族治療法：
 (1)觀察家人互動及相互的影響（家人如何對待彼此，如何反應
   彼此的對待，尤其是情緒反應，他們打斷別人的說話嗎？當
   有人說話時，他們關心嗎？家人看起來沮喪嗎？或憤怒？）。
 (2)觀察家人如何針對症狀互動（父母在孩子面前談問題嗎？他
   們如何說？過去曾使用解決問題的方法為何？）。

(3)確立目標，目標需明確陳述：如「和先生有個較好的婚姻關係」是不明確的，代之以「每天能有半小時夫妻共處談心的時間，且愉快享受這親密時光」。

(4)大目標完成前應設小目標：如在孩子改變偏差行爲之前，什麼樣的改變需要發生？家庭需發生什麼改變？

(5)派作業：要求家庭做不同的事。作業的目的在於改變家庭現有的互動。作業要合理，如要求兼三份工作的單親母親與孩子週末遊玩，在她的體力及經濟負荷上不合理。

(6)控制症狀：在特定的時間、地點表現症狀。如每天一小時，坐在沙發上憂鬱，使用此法時需愼重。

(7)鼓勵症狀增加出現：如夫妻情感不和，彼此敵對，長久沒有性生活。鼓勵他們多吵，唯有藉著吵架，他們才能保持接觸，但要愼用此法。

(8)給予症狀正面的動機及高貴的用心：如無法離家的少女，被肯定爲高貴的自我犧牲，保護其父母免於接觸現實。

參考文獻

王淑楨、黃志成（民97）。〈父母教養態度的理論與相關因素之探討〉。
　　第四屆國際親子論壇暨論文發表，頁302-312。

王淑楨、黃志成（民98）。〈兒童氣質的理論及其相關研究〉。《空大學
　　訊》，第415期。新北市：國立空中大學。

王淑楨、黃志成（民99）。〈兒童氣質與生活適應之探討〉。《空大學
　　訊》，第451期，頁72-81。新北市：國立空中大學。

王佩玲（民92a）。《兒童氣質基本特性與社會構成》。台北市：心理出版
　　社。

王佩玲（民92b）。〈家長知覺氣質發展的穩定性和變化：六歲至八歲兒童
　　長期追蹤研究〉。《台北市立師範學院學報》，第33期，頁129-150。

王佩玲（民99）。《孩子的氣質你最懂》。台北市：遠流出版社。

王鍾和（民98）《親職教育》。台北市：三民。

內政部兒童局全球資訊網（民100）。〈兒童及少年保護案件分析〉。網
　　址：http://www.cbi.gov.tw/CBI_2/internet/main/index.aspx。

江秀英、李宜賢（民100）。〈嬰幼兒情緒調節相關氣質對照顧者反應的影
　　響〉。《幼兒教保研究期刊》，第7期，頁15-30。

邱珍琬（民98）。《親職教育》。台北市：五南出版社。

林美珍、黃世琤、柯華葳（民96）。《人類發展》。台北市：心理出版
　　社。

林桂如（民96）。〈當前台灣早期療育之學前轉銜服務探討〉。《兒童及
　　少年福利期刊》，第11期，頁211-220。

林慧芬（民95）。〈台灣母親對幼兒自主的內涵與相關文化信念初探〉。
　　《國立台北教育大學學報》，第19卷，第1期，頁139-172。

教育部體育司（民96）。〈學（幼）童口腔衛生保健實施計畫〉。

許素彬、張耐、王文瑛（民95）。〈身心障礙幼兒家長支持團體運作之研
　　究與評估：以領航父母為例〉。《台大社會工作學刊》，第13期，頁

1-40。

郭靜晃（民97）。〈人格發展〉。載於郭靜晃、黃志成、黃惠如編著之《兒童發展與保育》（二版），頁421-474。新北市：國立空中大學。

郭靜晃（民97）。〈兒童遊戲發展〉。載於郭靜晃、黃志成、黃惠如編著之《兒童發展與保育》，頁311-351。新北市：國立空中大學。

郭靜晃、吳幸玲譯（民96）。《發展心理學》。新北市：揚智文化。

陳萍、王茜譯（民94）。《發展心理學導論》。台北市：五南圖書公司。

陳淑貞、翁毓秀（民95）。〈非行少年依附、解釋風格與自我概念之相關研究〉。《輔導與諮商學報》，第28卷，第1期，頁29-50。

陳淑敏（民95）。《社會人格發展》。台北市：華騰文化股份有限公司。

陳富美（民95）。〈親職效能感、教養行為與孩子生活適應之關係研究〉。《輔導與諮商學報》，第27期，頁47-64。

黃天、谷芊、邱妍祥（民96）。《青少年發展與輔導》。台北市：考用出版股份有限公司。

黃志成（民94）。《幼兒保育概論》。新北市：揚智文化。

黃志成（民97a）。〈道德發展〉。載於郭靜晃、黃志成、黃惠如編著之《兒童發展與保育》，頁393-417。新北市：國立空中大學。

黃志成（民97b）。〈認知發展〉。載於郭靜晃、黃志成、黃惠如編著之《兒童發展與保育》（二版），頁199-224。新北市：國立空中大學。

黃志成、王淑芬、陳玉玟（民97）。《幼兒發展》。新北市：揚智文化。

黃志成、王麗美、高嘉慧（民98）。《特殊教育》。新北市：揚智文化。

黃志成、林少雀、王淑楨（民99）。《幼兒遊戲》。新北市：揚智文化。

黃志成、林貞谷、張培英（民93）。《嬰幼兒教育》。新北市：揚智文化。

黃志成、高嘉慧、沈麗盡、林少雀（民97）。《嬰幼兒保育概論》。新北市：揚智文化。

黃德祥（民95）。《親職教育理論與應用》。台北市：華都文化。

新竹市牙醫公會（民97）。〈什麼是奶瓶型齲齒？〉。網址：http://www.hcda.url.tw/pediatric.htm#amin004

葉俐君（民97）。〈扭轉資優低成就的因素與方案〉。《國小特殊教

育》，第46期，頁110-118。

楊惠琴、許瑛巧、賴佳菁（民96）。〈國小資優班與普通班學生氣質、家
庭系統及班級氣氛之比較〉。《花蓮教育大學學報》，第24期，頁297-
316。

鄭敦淳、江玉龍（民95）。〈美國寄養兒童的心理健康問題及其對策〉。
《社區發展季刊》，第113期，頁196-207。

Andym, C. (2011). Developing first-year engagement with written feedback. *Active Learning in Higher Education July, 12*(2), 113-124.

Anme, T., & Segal, U. A. (2010). Child development and childcare in Japan. *Journal of Early Childhood Research, 8*(2), 193-210.

Bariola, E., Gullone, E., & Hughes, E. K. (2011). Child and adolescent emotion regulation: The role of parental emotion regulation and expression. *Clinical Child and Family Psychology Review, 14*(2), 198-212.

Benish-Weisman, M., Steinberg, T., & Knafo, A. (2010). Genetic and environmental links between children's temperament and their problems with peers. *Israel Journal of Psychiatry and Related Sciences, 47*(2), 54-61.

Blandon, A. Y., Calkins. S. D., Keane, S. P., & O'Brien. M. (2010). Contributions of child's physiology and maternal behavior to children's trajectories of temperamental reactivity. *Developmental Psychology, 46*(5), 1089-1102.

Bowlby, J. (1980). *Attachment and Loss, Sadness, and Depression* (vol. 3). New York: Basic Books.

Bush, N. R., Lengua, L. J., & Colder, C. R. (2010). Temperament as a moderator of the relation between neighborhood and children's adjustment. *Journal of Applied Developmental Psychology, 31*(5), 351-361.

Caputo, R. K. (2004). Parent religiosity, family processes, and adolescent outcomes. *Family in Society, 85*(4), 495-510.

Combs-Orme, T., Nixon, B. H., & Herrod, H. G. (2011).Anticipatory guidance and early child development: Pediatrician advice, parent behaviors, and unmet needs as reported by parents from different backgrounds. *Clinical Pediatrics, 50*(8), 729-737.

Dittman, C., Keown, L. J., Sanders, M., Rose, D., Farruggia, S. P., & Sofronoff, K. (2011). An epidemiological examination of parenting and family correlates of emotional problems in young children. *American Journal of Orthopsychiatry, 81*(3), 360-371.

Dote-Kwan, J., & Chen, D. (2010). Temperament and young children with visual impairments: Perceptions of Anglo and Latino parents. *Journal of Visual Impairment & Blindness, 104*(9), 531-542.

Durbin, C. E. (2010). Modeling temperamental risk for depression using developmentally sensitive laboratory paradigms. *Child Development Perspectives, 4*(3), 168-173.

Fearon, R. M. P., & Belsky, J. (2011). Infant-mother attachment and the growth of externalizing problems across the primary-school years. *Journal of Child Psychology and Psychology, 52*(7), 782-791.

Geddes, R., Frank, J., & Haw, S. (2011). A rapid review of key strategies to improve the cognitive and social development of children in Scotland. *Health Policy, 101*(1), 20-28.

Glick, G. C., & Rose, A. J. (2011). Prospective associations between friendship adjustment and social strategies: friendship as a context for building social skills. *Developmental Psychology, 47*(4), 1117-1132.

Harden, B. J., & Whittaker, J. V. (2011). The early home environment and developmental outcomes for young children in the child welfare system. *Children and Youth Services Review, 33*(8), 1392-1403.

Hartman, M. A., Hosper, K., & Stronks, K. (2011). Targeting physical activity and nutrition interventions towards mothers with young children: a review on components that contribute to attendance and effectiveness. *Public Health Nutrition, 14*(8), 1364-1381.

Howard, L. L. (2011). Transitions between food insecurity and food security predict children's social skill development during elementary school. *British Journal of Nutrition, 105*(12), 1852-1860.

Johnston, C. (2011). Mothers' predictions of their son's executive functioning skills: Relations to child behavior problems. *Child Psychiatry & Human Development, 42*(4), 482-494.

Kobrosly, R. W., van Wijngaarden, E., Galea, S., Cory-Slechta, D. A., Love, T., Hong, C., Shamlaye, C. F., & Davidson, P. W. (2011). Socioeconomic position and cognitive function in the Seychelles: A life course analysis. *Neuroepidemiology, 36*(3), 162-168.

Kochanska, G., Gross, J. N., Lin, M., & Nichols, K. E. (2002). Guilt in young children: Development, determinants, and relations with a broader syswem of standards. *Child Development, 73,* 461-482.

Lipman, E. L., Kenny, M., Brennan, E., O'Grady, S., & Augimeri, L. (2011). Helping boys at-risk of criminal activity: qualitative results of a multi-component intervention. *BMC PUBLIC HEALTH, 11*(364).

Manso, J. M. M., Garcia-Baamonde, M. E., & Alonso, M. B. (2011). Design of a language stimulation program for children suffering abuse. *Children and Youth Services Review, 33*(7), 1325-1331.

Merjonen, P., Pulkki-Raback, L., Lipsanen, J., Lehtimaki, T., Rontu, R., Viikari, J., Hintsanen, M., & Keltikangas-Jarvinen, L. (2011). Development of adulthood hostile attitudes: Childhood environment and serotonin receptor gene interactions. *Personal Relationships, 18*(2), 184-197.

Mistry, R. S., Vandewater, E. A., Huston, A. C., & Mcloyd, V. C. (2002). Economic well-being and children's social adjustment: The role of family process in ethnically diverse low-income sample. *Child Development,73,* 935-951.

Molfese, V. J., Rudasill, K. M., Beswick, J. L., Jacobi-Vessels, J., Ferguson, M. C., & White, J. M. (2010). Infant temperament, maternal personality, and parenting stress as contributors to infant developmental outcomes. *Merrill-Palmer Quarterly, 56*(1), 49-79.

Oliveira, G. E., Magalhaes, L. C., & Salmela, L. F. T. (2011). Relationship between very low birth weight, environmental factors, and motor and cognitive development of children of 5 and 6 years old. *Revista Brasileira De Fisiot-*

erapia, 15(2), 138-145.

Paley, B., & O'Connor, M. J. (2011). Behavioral interventions for children and adolescents with fetal alcohol spectrum disorders. *Alcohol Research & Health, 34*(1), 64-73.

Paschall, M. J., Ringwalt, C. L., & Flewelling, R. L. (2003). Effects of parenting,absence, and affiliation with delinquent peers on delinquent behavior among African American male adolescents. *Adolescence, 38*(149), 15-34.

Piaget, J. (1950). *The Child's Conception of Number.* London: Poutledge & Kegan Paul.

Pool, J. L., & Hourcade, J. J. (2011). Developmental screening: a review of contemporary practice. *Education and Training in Autism and Developmental Disabilities, 46*(2), 267-275.

Rothbart, M. K., & Bates, J. E. (2007). *Temperament.* Handbook of Child Psychology. Published Online.

Sanson, A., Letcher, P., Smart, D., Prior, M., Toumbourou, J. W., & Oberklaid, F. (2009). Associations between early childhood temperament clusters and later psychosocial adjustment. *Merrill-Palmer Quarterly, 55*(1), 26-54.

Speirs Neumeister, K. L., & Finch, H. (2006). Perfectionism in high-ability students: Relational precursors and influences on achievement motivation. *Gifted Child Quarterly, 50*(3), 238-250.

Spera, C. (2005). A review of the relationship among parenting practices, parenting styles, and adolescent school achievement. *Educational Psychology Review, 17*(2), 125-146.

Shang, X. Y., Fisher, K. R., & Xie, J. W. (2011). Discrimination against children with disability in China. *International Journal of Social Welfare, 20*(3), 298-308.

Sterry, T. W., Reiter-Purtill, J., Gartstein, M. A., Gerhardt, C. A., Vannatta, K., & Noll, R. B. (2010). Temperament and peer acceptance: The mediating role of social behavior. *Merrill-Palmer quarterly, 56*(2), 189-219.

Volk, H. E., Hertz-Picciotto, I., & Delwiche, L. (2011). Residential proximity

to freeways and autism in the CHARGE study. *Environmental Health Perspectives, 119*(6), 873-877.

Westerveld, M. F., & Moran, C. A. (2011). Expository language skills of young school-age children. *Language, Speech, and Hearing Services in Schools, 42*(2), 182-193.

Chapter 3

兒童期

一、年齡界定

就法律的層面而言，依據《兒童及少年福利與權益保障法》（內政部，民100）第2條規定，所稱「兒童」，指未滿十二歲之人；就該法的精神，認為兒童還在成長階段，需要立法來保護。就發展心理學的觀點而言，零歲至六歲為幼兒期，或稱學齡前兒童，又稱兒童前期，這一期的幼兒，剛出生時大都生活在家裡，由母親來帶，如果母親上班，有的嬰幼兒就被送去保母家，也有一些由爺爺奶奶來帶，三、四歲以後則被送去幼兒園；六歲至十二歲為兒童期，或稱學齡兒童，又稱兒童後期，這一階段的兒童，開始接受小學階段的義務教育。本章所探討的「兒童」就是指六歲至十二歲的兒童。

二、赫威斯特的發展任務論

(一)學習一般遊戲所必需的身體技巧

遊戲所必需的身體技巧不外乎追、跑、跳、平衡、丟、擲、接等，兒童學習這些動作後，不但有利於遊戲的進行，在動作精熟之後更有利於學習更高層次的動作，有利於未來在家事、職涯生活上的技能。

(二)建立「自己正在成長的個體」的健全態度

　　兒童自我中心強，且由於時間概念尚在發展當中，故常活在當下，未能考慮未來的情境，因此，有必要指導兒童建立「自己正在成長的個體」的健全態度，具體而言，就要教導兒童進食要均衡營養、要鍛鍊身體健康、要努力讀書等，如此可讓兒童儲備下一階段的競爭能力。

(三)學習與同年齡夥伴相處

　　就發展心理學的觀點，學齡兒童正是發展社會行為的時機，因此，此期兒童應常與同儕互動，學習同儕相處之道。

(四)學習扮演適合自己性別的角色

　　學齡兒童在性別認知上，已能清楚知道自己的性別，至於性別角色的扮演則有賴家庭與學校教育的介入，指導此期兒童扮演適當的性別角色，例如指導男生協助女生搬運較粗重的東西，指導女生對男生應有的尊重。

(五)發展讀、寫及算的基本技巧

　　此期兒童正接受國民義務教育，學校教育相當注重學童的閱讀能力、工整的寫字技巧以及數學的運算能力。教師及家長應協助兒童發展讀、寫及算的基本技巧。

(六)發展日常生活所必需的種種概念

　　教育的介入可以讓學童趨於獨立，因此，對於日常生活中食衣住

行育樂種種概念上的指導不可避免，兒童逐漸精熟這些知識，將有助於日常生活順利的進展。

(七)發展良知、道德觀念與價值標準

皮亞傑認爲約從四歲到八歲的兒童屬於道德發展的他律階段，逐漸意識到一些行爲規範。約從八歲到十二歲的兒童屬於道德發展的自律階段，開始認識一些道德規範，不再是一切以權威爲依歸，而能自己約束自己的行爲。此外，兒童的生活圈逐漸由家裡擴大到學校與大社會，所接收到的資訊越來越多越複雜，正是價值觀建立的初期。因此，此時在家庭與學校教育正是給予良知、道德與正確價值觀教育的最佳時期。

(八)發展對社團與種種組織的態度

就如前述，此期兒童生活圈逐漸擴大，兒童社會化的程度也越來越好，志同道合的同儕常聚在一起，是爲社團與組織的雛型。兒童在社團與組織中應學習服從多數，尊重少數的民主風範。

三、兒童的生理特徵

(一)骨骼

骨化（骨的形成）及鈣化逐漸穩定及緩慢成長，由於骨骼中所含的石灰質較少、膠質較多，故富有彈性，所以不易骨折，但卻容易變形、脫臼。

(二)肌肉

1. 肌肉的量及強度逐漸增加，也促使兒童的體重逐漸增加與力氣的增大。
2. 由於男性有較高濃度的男性激素，所以男童肌肉細胞較女多。
3. 影響肌肉強度增加的因素：
    (1) 基因：引發細胞的增殖。
    (2) 運動：促進細胞的增大。

(三)身高

本期兒童身高增長緩慢但穩定，但女童約在十、十一歲進入青春期，身高增長快速，逐漸超越男生。男童約在十二、十三歲進入青春期，身高增長快速，約十三歲以後身高又會超越女生。

(四)體重

體重逐漸增加，主要由於肌肉的成長、骨骼增長增大鈣化後硬度增加及內臟（肝臟、胃、腎臟、肺臟等）的增大所致。

(五)中樞神經系統

由於中樞神經系統逐漸發展成熟，身體的協調及平衡越來越好，感覺知覺及粗、細動作能力亦有所精進。

(六)循環系統

心臟和血管管積比成人小，但新陳代謝快，小學生心率平均約80～90次／分，比成人來得快。肺泡開始成熟並增多，心肺功能增強。

(七)呼吸系統

呼吸系統逐漸發展成熟，肺容量與體型成比例，呼吸速度變慢。

(八)消化系統

腸胃的功能在兒童期可達到成人的成熟度，由於胃容量增加，可延長兩餐的時間，所以幼兒園通常在上下午有點心時間，到了小學則取消。

(九)牙齒

五、六歲時，二十顆乳齒逐漸脫落，恆齒逐漸長出，此期會長出恆齒二十八顆，至十七、十八歲以後再長出四顆智齒，恆齒共三十二顆。

(十)動作發展

◆粗動作與大肌肉

六歲以後的兒童已發展不錯的大肌肉動作技巧，如跳、跑、丟球、接球、踢球等。學齡兒童的動作能力與其年齡及性別有關，年齡越大，粗動作越大、越有力，且動作速度越快，隨著年齡的增長，動作技巧的協調與平衡會越來越好。在性別方面，男孩較屬於肌肉型，特別是腿及肩膀的肌肉；而女孩較有準確性的發展，

如投擲、跳躍或跳高。因此，女孩較傾向視覺動作協調成熟，男孩有較強的肌肉發展。

◆細動作與小肌肉

六歲以後的兒童開始發展手及手指動作的技巧，在小學一年級時，學齡兒童對握筆寫字常有困難，但逐漸地他們不但可以寫出漂亮、端正的字，還可以彈鋼琴、拉小提琴、組合飛機模型、

畫圖等，這些能力需要細動作與小肌肉的發展，也需要手眼之視覺協調能力。

◆慣用手的問題

兒童左右手慣用可能與左右腦的發展有關。在嬰兒期，大腦兩側運用的控制並無明顯差異，但隨著年齡的增加，大腦兩側逐漸控制不同的功能，並發展一側為優勢。若左大腦較優勢，兒童較傾向右利（右撇子）；相反地，若右大腦較優勢，兒童較傾向左利（左撇子）。強迫兒童改變慣用手，可能會造成情緒困擾或口吃的現象。發展學家較傾向於不要強迫孩子改變左撇子，但一些家長還是要求孩子改變慣用左手。目前社會上有一些工具或設備對左撇子較不利，例如：剪刀、電腦打字鍵盤、學校教室內的單人座椅、汽車的手排檔等。

有關兒童發展狀況如**表3-1**說明。

表3-1　兒童期的發展狀況

發展特徵	六歲至十二歲
身體發展	身體發展進入一個相對平穩的階段，身體發育較平緩。
認知發展	1.抽象記憶仍以具體事物為基礎。 2.具體運作期，可不經接觸或掌握某種事物，即能想起此事物的關係。 3.具保留概念、分類、組合能力。
情緒發展	1.由學習、同伴、老師有關的社會性情感越來越占主要地位。 2.情感外露，易激動。 3.情感反應越來越豐富，有集體的榮譽感、友誼、責任感等。
社會發展	1.對父母的認同會轉向對老師的認同。 2.對於性別角色社會化的學習與適應。 3.兒童的人格、行為及自我概念隨學校的特定環境、規章、成就標準、師生關係、同學關係而有改變。
發展任務	1.行為符合社會期望，並適合其生理年齡。 2.學習與同輩及他人相處。

資料來源：整理自郭靜晃、黃志成、黃惠如（民97）。

四、影響兒童人格發展的因素

人格的形成離不開生物與環境的影響，說明如下（繆敏志，民89）：

(一)生物的影響

◆遺傳

雖然不能確知遺傳因素究竟影響人格到何種程度，但是有許多研究指出，個體的人格，確實與其遺傳因素具有密切的關係。

◆體型

美國心理學家薛爾頓（W. Sheldon）在五〇年代經由對多數人

的身體特徵及性格氣質觀察分析結果，提出薛氏體質論（Sheldon's constitutional theory），將體型分為三類：

1.肥胖型：屬內臟型人格，好舒適，性情隨和，易相處。
2.健壯型：屬筋骨型人格，好冒險，精力充沛，活潑好動。
3.瘦長型：屬頭腦型人格，善思考，情緒緊張，多愁善感。

◆生理

生理因素的影響，係指生理功能對人格發展的影響，在生理功能中，尤以內分泌腺、自主神經系統及神經傳導物質的功能對人格的影響最明顯。

(二)環境的影響

◆共同環境

在文化的薰陶下，每個人都具有相似的觀念、思想、行為及生活方式。

◆獨特環境

文化傳遞主要透過家庭、學校及同儕團體等來執行，但每個人所擁有的家庭、學校及同儕團體均有不同，致使個人的人格亦隨之不同。

五、發展理論

(一)佛洛依德的人格（性心理）發展論

此期正處於「性潛伏期」，其性的衝動進入潛伏狀態。personality

一詞源自拉丁語Persona，其意義有二：一是指古希臘時代戲劇演出時所帶的面具，各以其不同的臉譜樣貌代表著劇中不同角色的特性；二是指一個人眞正的自我，包括其內在的動機、情緒、習慣、思想等。佛洛依德指出人類發展是充滿衝突的過程，基本的性和攻擊的本能必須得到滿足，然而這些需求卻不爲社會所認可而必須加以控制（陳淑敏譯，民95）。

(二)艾力克森的心理社會學說

此期正處於「學齡期」，約六歲至十一歲，發展目標爲「勤勉」，發展危機爲「自卑」。兒童如果能夠在認知、心理和社交技巧方面發展出勝任感，比較能夠勤勉，否則會產生自卑感（張宏哲、林哲立譯，民96）。由於艾力克森所建立的「心理社會發展論」，是以自我的發展爲中心，個體出生後，與社會環境接觸互動而發展，在個體與社會環境的互動中，一方面由於自我成長的需求，希望從環境中獲得滿足，另一方面又受到社會的要求與限制，使個體在社會適應上產生心理上的困難，艾力克森稱此爲發展危機（developmental crisis），因爲個體受到危機感的壓力，必須學習如何調適自我，使危機得以化解，自我得以成長，個體得以發展。

(三)皮亞傑的認知發展

此期正處於「具體操作期」，七歲至十一歲，此期最大的進步是思維可以建立在心理操作上而不是行動上。此時期重要的發展包括：保留概念、分類、組合、技能、學會加減乘除處理數字的能力（沙依仁，民94）。此期兒童雖能從事邏輯思考，但仍需藉助具體實物的操演來運思，兒童不能運作抽象觀念，此期具下列幾個特徵：

表3-2　艾力克森與佛洛依德的發展階段比較

發展期	艾力克森發展階段	佛洛依德的發展階段
嬰兒期	信任vs.不信任	口腔期
幼兒期	自主vs.羞愧／疑惑	肛門期
遊戲期	自發vs.內疚／罪惡感	性器期
學齡期	勤勉vs.自卑	性潛伏期
青春期	自我認同vs.認同混淆	生殖期（兩性期）
成年初期	親密vs.孤立	
中年期	自我實現vs.停滯不前	
老年期	統整vs.絕望	

◆具保留概念

　　保留概念（conservation）是指當物體只在形式上或量度上改變而其實質未變時，觀察者對物體所得概念有保持不變的心理傾向，包括：質量、重量、數量、長度、面積、體積等；保留概念的三個特徵為可逆性（reversibility）、同一性（identity）、互補性（reciprocity）。例如：皮亞傑用了三個概念使兒童得以確定在任何一個物理向度上的均等都沒有改變。他在兒童面前呈現兩個黏土球，要求兒童回答兩個球是否一樣，當兒童確信兩個球一樣，將其中一個壓成圓餅，而具保留概念的兒童會回答兩塊泥土是相同的，並且能解釋原因。當兒童會解釋說，橢圓餅與球的黏土一樣多，黏土沒有增加也沒有減少，這是「同一性」；第二，兒童會指出球可以做成橢圓餅，也可再變成球，這是「可逆性」；第三，兒童會注意到，雖然橢圓餅的周長大，可是球比較厚，當兒童能夠同時處理兩個向度如周長與厚度時，此即為「互補性」的概念（郭靜晃、吳幸玲，民96）。

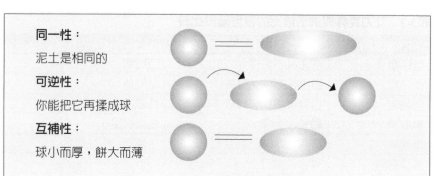

圖3-1　保留概念的三個概念

資料來源：郭靜晃、吳幸玲（民96）。

◆具邏輯分類概念

　　能依物體具有的屬性對其進行分組的能力。分類概念（classification）比前一期更進步，能注意到每一個事物可能有多個屬性。例如：在桌上擺三張圓形的厚紙板，顏色分別為紅、黃、綠；再擺三張正方形的厚紙板，顏色分別為紅、黃、綠；再擺三張三角形的厚紙板，顏色分別為紅、黃、綠；如此將九張厚紙板混在一起，再要求此期兒童做分類，此期兒童可以被要求依不同屬性來分類，例如：把顏色相同的擺一堆、把形狀相同的擺一堆……。

◆具組合能力（combinatorial skill）

　　兒童有了數量保留概念之後，他們便瞭解物質不滅定律，而且知道物體數量不會因集中或分散而改變。在此階段，兒童已學會加法、減法、乘法及除法。

(四)柯爾堡的道德發展階段

　　習俗期：約在九歲以後。

表3-3　具體運算思維的成分

成分	新的能力
保留概念	察覺同一性的能力 察覺可逆性的能力 在互補性中同時操縱兩個向度的能力
分類概念	根據一些共同的向度對物體進行分組的能力
組合能力	在加法、減法、乘法和除法中處理數字的能力

資料來源：郭靜晃、吳幸玲（民96）。

1. 重和諧與順從：兒童與人互動，行為會表現出善意，並會符合他人的期望，希望成為別人眼中的「好孩子」。
2. 重法律與秩序：對於父母師長的吩咐，兒童表現出盡責、尊重權威，盡可能的達成任務；對家規、校規、法律的規範盡可能地服從以維持社會秩序。

(五)馬斯洛的需求層次論

　　馬斯洛（Abraham H. Maslow, 1908-1970）是美國的人本心理學家，需求層次論（need hierarchy theory）是馬斯洛所倡導的動機理論，動機是人類生存成長的內在動機，由許多種不同性質需求所組成，各需求間有高低層次之分，依序由下而上，當低層次需求獲得滿足後，才會滿足高一層次的需求（引自郭靜晃、吳幸玲譯，民96）。Maslow需求理論，其將需求以先後層級的方式來探討需求。其層次由低至高依次為：

1. 生理需求：兒童要成長，就需要足夠且均衡的飲食，口渴了就需要飲水，天涼了就需要加衣。
2. 安全需求：兒童需要一個安全的居家環境、安全的學校環境、安全的社區環境，如此才能順利成長。

3.愛及歸屬的需求：兒童需要父母之愛、手足之愛、同學之愛、師長之愛；父母要營造一個溫暖的家，讓兒童對家庭有歸屬感；學校要實施愛的教育，讓兒童對學校有歸屬感。

4.尊重的需求：父母或師長應實施愛的教育，傾聽兒童的想法與感受，不可以隨便打罵小孩，兒童有被尊重的需求。

5.自我實現的需求：父母或師長應提供適合孩子能力的玩具、遊戲活動和課業要求，讓孩子常常獲得成功的經驗，此為自我實現的表現。

六、兒童期的幾個重要議題

(一)肥胖

根據台灣癌症基金會的調查發現，大約每三個孩子就有一個（33%）過重或肥胖（張曉卉，民100）。引發兒童肥胖最主要的原因是缺乏身體活動，加以高熱量、高飲食的飲食條件環境下，使得小胖子越來越多，兒童肥胖是目前許多國家面臨的兒童健康問題，肥胖症會引發心肺功能等健康的問題（如高血壓、糖尿病、心臟病）、動作技能的問題、人格的問題。此外，兒童肥胖除了對生理健康有重要的影響外，兒童肥胖亦影響社會及心理的適應，肥胖兒童經常感到同儕的負面評價與疏離，導致社交孤立，被同儕拒絕的兒童除了感到孤獨與焦慮，其和同儕不良的人際關係可能使得他們在社會與人格出現問題的危機。造成肥胖症的原因可能與遺傳、內分泌失

調、環境、飲食、生活習慣有關。治療肥胖症可以採用：

　　1.均衡飲食，拒絕垃圾食物和飲料。

　　2.少看電視多活動。

　　3.在觀念上，強調「胖不是福」的觀念。

(二)近視

　　台灣兒童近視比例世界第一，小一學生近視比例二成，到小六變成六成（國民健康局，民95；引自張曉卉，民100）。幼兒期孩童的視力多半為遠視，但到了兒童期開始，視力的發展

已逐漸變成正常視力，且周邊視力已完全發展，以性別來說，一般女童分變顏色能力較男童佳，但男童視覺敏銳度比女童好，在六歲之前如發現兒童有視力問題（斜視、弱視、近視），早期矯正，成功機率大，超過十歲之後視神經已經定型，治療效果相當有限（郭靜晃、黃志成、黃惠如，民97）。近視的原因不外乎遺傳、課業繁重、課外活動太少、室內燈光不足、看書寫字姿勢不對、閱讀資料字體太小等；兒童罹患近視，上課時會看不清楚黑板的字，上課時比較會不專心、常側頭看書或看電視，影響學習成效，所以必須配戴合適的眼鏡。積極而言，去除導致近視之源，才是根本之道。

(三)兒童安全

　　前已述及，兒童有安全的需求，但生活在台灣的兒童是否安全，吾人從下列幾個方向來探討：

1. 交通安全：每年有爲數不少的學童因乘坐大客車、小汽車、娃娃車、機車、腳踏車而受傷或死亡的案例。

2. 食品安全：包括立即性的中毒，如學童營養午餐集體中毒事件頻頻發生；此外，還包括慢性中毒，如農藥汙染蔬菜水果、工廠排放廢水汙染河川水質、養殖漁業（魚、蝦、貝類等）、重金屬汙染食品、塑化劑等。

3. 藥品安全：台灣每年因醫生開錯藥、藥劑師給錯藥、父母對兒童用藥觀念不對以及兒童吃錯藥的事件，雖無正式統計，但相信爲數不少，危害兒童健康。

4. 玩具安全：

(1)外形及品質方面：如太尖、太利、太小的玩具。

(2)會動的玩具：在玩時不小心受傷。

(3)易燃性：被燒傷或燙傷。

(4)毒性：玩具材料爲腐蝕性、刺激性、放射性、敏感性等物質。

(5)化學性：玩具表面塗以油漆、油墨等材質。

(6)物理性：如玩具結構設計不良、加工不當，而導致兒童在玩時被刺傷、割傷、刮傷等。

(四)兒童虐待

依內政部的統計資料顯示，兒童少年受虐案件量逐年遞增，統計95年至99年的案量從10,094件增加至18,454件；分析施虐者身分時，發現約13,300人爲兒童少年的父母（或養父母），分析施虐原因最嚴重

的因素為缺乏親職知識，有13,144人（內政部兒童局全球資訊網，民100），顯示兒童虐待的現象不容忽視。

◆兒童虐待的類型

　　依據余漢儀（民89）的定義，兒童虐待發生的層次可分為家庭內、機構式（如育幼院管教不當）及社會式（如雛妓、武裝兒童）的，兒童虐待係指出於故意或疏忽的行為而造成兒童的身心傷害，通常可分為身體虐待、心理／情緒／精神虐待、性虐待與疏忽四類型。而目睹兒童也有共識被列入兒童虐待的一類，說明如下：

1.身體虐待：在兒童虐待類型中有關身體虐待是最顯而易見，也是最容易判別的。任何對兒童施予不當或過度的體罰方式，導致兒童身體傷害、器官或功能損害甚或死亡，如毆打、咬傷、灼燙傷、鞭傷、推摔、綑綁、骨折等，而這些傷害行為的發生並非意外、偶發的。

2.精神虐待：又稱情緒虐待，意指照顧者不能給予兒童溫暖、關注及正常的生活經驗，以拒絕、冷漠、恐嚇、遺棄及不合理的責罰，致使兒童受到重大的心理傷害，如經常對孩子吼叫、怒罵、輕視、嘲笑、批評、藐視、威脅、過分挑剔、不合理期待或差別待遇等，導致兒童在智能、情緒、情感、社會、心理等各方面的發展受到阻礙。Weaver（2011）就指出，精神虐待比任何其他的兒童虐待類型更具破壞性的影響，但當前的兒童保護系統未能充分解決這一問題，影響兒童身心發展甚鉅。

3.性虐待：意指以兒童為性刺激的對象，與兒童發生任何有性接觸的行為。包括性侵害（如以強暴、脅迫或誘騙的手段，達到性接觸的目的）和性剝奪（利用兒童從事與色情有關情事以謀利者）。Han、Lee、Yoo與Hong（2011）在韓國南部研究發現，兒童遭受到性虐待後尋求專業協助較少，值得重視。另

外，性接觸意指：

(1)沒有實際碰觸的行為，如成人曝露其性器官、要求兒童看猥
　　褻書刊等。

(2)有實際碰觸的行為，如對兒童的性器官或隱私部位有不適當
　　的愛撫、猥褻或性交。

4.疏忽：指父母或主要照顧者對兒童的基本需求不加以注意，未
　能提供兒童身心發展之最低限度與必要的保護或照顧。如故意
　或疏忽提供兒童足夠的食物、營養、衣物、處所、醫療、教
　育、安全等照顧，或讓兒童獨處或安置在易於發生危險或傷害
　的環境，或由不適當之人照顧等，使兒童身心受到傷害，甚至
　導致意外而死亡。兒童受到父母或照顧者的疏忽，會連帶影響
　其認知、社會情感和行為的發展。

5.目睹父母婚姻暴力行為：在過去，兒童少年目睹父母的婚姻暴
　力行為通常被歸類為精神虐待或疏忽的一種類型，而隨著人們
　愈來愈關注目睹婚姻暴力對於兒童的影響，目前在兒童受虐的
　研究上，常將其與其他兒童受虐類型分開討論。通常所謂目
　睹父母婚姻暴力行為係指：「有責任照顧兒童者，不論有無故
　意的動機，使十八歲以下的兒童少年曝露於夫妻衝突、鬥毆的
　情境下，而影響其人格發展，或不利於其心理或情緒發展。」
　（內政部，民96）。子女在目睹婚暴衝突時的情感反應包括：

恐懼、憤怒、擔憂、
焦慮、被忽視、矛盾
與絕望想死的意念等
（沈瓊桃，民94），
所以有必要進一步的
輔導，以免造成身心
永久的傷害。

◆兒童虐待的成因

　　內政部統計顯示，缺乏親職教育知識是造成虐待的最重要因素（內政部兒童局全球資訊網，民100）。會虐待自己小孩的雙親除了通常來自專制的家庭之外，他們對自己也相當的苛刻，這種父母親對自己小孩要求過高，他們也常常體罰他們的孩子，具有虐待傾向的父母親來自各種不同的社經背景、教育程度及宗教族群，兒童受虐的情況在貧窮的環境容易惡化（洪貴真，民92）。此外，促成兒童虐待的因素還包括家庭壓力、兒童家庭特質、互動的模式、婚姻問題、對暴力的價值觀等（張宏哲、林哲立，民96）。兒童虐待的原因大多來自功能失調的家庭，而受虐的子女正是名副其實的代罪羔羊（徐震、李明政、莊秀美，民89）。以下就整理各文獻的原因說明如下（謝秀芬，民100；陳淑敏譯，民95；江亮演，民96；黃碧霞、林資芮，民96）：

1. 人格特質：父母或照顧者的性觀念、行為的偏差，也就是家族或同居（住）者，由於婚姻失敗，尤其是個人心理疾病、性幻想、衝動、性慾衝動、性癖好以及報復前夫或前妻等原因，而性侵兒童身體或迫使被害兒童從事性的活動、色情交易，或提供色情影帶、圖片、文字，以滿足其性慾或報復心理，以及賺錢為目的，致使兒童身心發展受害或有受害之虞。

2. 工作、經濟等壓力：Aron等人（2010）研究發現，貧窮因素與兒童受到虐待有相關。家庭經濟不好，尤其父母失業，心情不佳也容易發生虐待兒童的事件。貧窮與兒童虐待的發生具相關性，多數研究對象之家庭經濟狀況屬於清寒。社會階層低、經濟來源不足、單親家庭、失業率高等因素都是兒虐的原因。

3. 父母的心理疾病及不良嗜好：施虐原因為父母的心理疾病者，如施虐者在童年有受虐經驗、低挫折忍受力、不成熟之人格或有DSM-IV診斷之疾患、自我中心、衝動性強等，常不自覺或無

法控制而傷害孩子。此外，有不良嗜好的父母，尤其吸毒、藥物濫用或酗酒者、患有精神疾病等問題，經分析兒虐致死案件中，25%的施虐者患有精神疾病或藥酒癮問題。

4. 傳統觀念：父母認為子女是自己生的，自己有權利處罰子女，並相信其處罰打罵等處罰是正當的管教方式，在這種觀念之下，常常會發生虐待兒童的事件。在以父權與嚴教為主的文化價值觀下，父母對子女施予嚴厲的體罰、訓誡被認為是天經地義的事，父母責打子女的動機與目的有其正當性和合法性，如「棒下出孝子」、「不打不成器」等。上述觀念的理論基礎建基在認知學派，也就是管教觀念錯誤的認知，有導正的必要性。

5. 其他（如社會文化、環境的變遷）：社會環境、社會文化的變遷帶來的立即性壓力導致兒童虐待。例如家庭結構的變遷，核心家庭的盛行，離婚率及單親家庭的增加等，使照顧兒童的人手不足，照顧子女的壓力無法克服等，尤其教育、文化的變遷，重視個人休閒娛樂的情形之下，相對忽略了對子女的物質生活上的需求與精神上的滿足，而致使有虐待、疏忽或遺棄子女的事情發生。家庭所處的文化環境也會影響兒童受到虐待的可能性。環境壓力亦是造成兒童虐待重要的原因，在生活中遭受重大壓力如失業或經濟危機，無法應付或度過難關，如貧窮問題容易造成父母的壓力與緊張，減弱其自我控制的能力，或將挫折感轉移為對子女之攻擊，父母間關係不佳、家庭結構不穩定、子女本身都會造成壓力情境，若加上一些突發事件，則易產生虐待行為。

◆遭受兒童虐待的影響

1. 在發展上：包括性格、認知、情緒、語言等問題，受虐兒童較不快樂、孤僻，對他人缺乏信任感，容易否定自己，低自

尊，自我防衛強，具神經質人格特徵。Gover等人（2011）研究發現，兒童受到虐待，會影響其自我控制較低的心理因素。Maikoetter（2011）指出，大腦在以驚人的速度發展之時，兒童早期的創傷和疏忽大大影響未來的健康發展。

2. 在行為上：受虐兒童在行為上較易有反社會行為，其中遭受身體虐待之兒童則會有攻擊行為，且對他人的身體接觸感到害怕，或焦慮不安，或有退縮行為，而受性虐待之兒童則會有不適當的性行為。遭受身體虐待的兒童日後會出現許多行為問題及情緒問題，兒童會出現容易驚嚇、恐懼等行為，部分受虐兒童同儕關係較差，但也有些會發展出善於討好別人或察言觀色的技巧（Crosson-Towre, 2002）。

3. 在社會生活上：受虐兒童不易與人建立關係，較不能與他人發展持續性的關係。

4. 在長期影響上：受虐兒童日後可能會成為虐待子女的父母，或在工作、婚姻生活及人際關係等方面適應不良。

《家庭暴力防治專業人員工作手冊》（民96）中記載遭受身體虐待對於兒童少年的影響，說明如**表3-4**：

表3-4　遭受身體虐待和性虐待對於兒童少年的影響

遭受身體虐待對於兒童少年的影響		
時期	兒童少年期	成人期
效應	1.身體與神經上的傷害 2.不安全的依附關係 3.避免與他人在目光上的接觸 4.負面的社會互動 5.過動傾向 6.沮喪 7.社會疏離與退縮 8.睡眠困擾 9.智力缺陷 10.攻擊行為 11.偏差行為	1.攻擊或暴力行為 2.低自我概念 3.社會疏離 4.有虐待自己子女或配偶的危險性
遭受性虐待對於兒童少年的影響		
時期	兒童少年期	成人期
效應	1.情緒困擾 2.憂鬱與焦慮傾向 3.創傷症候疾患 4.行為問題 5.人際關係困擾 6.認知困難與扭曲	1.情緒困擾 2.憂鬱與焦慮傾向 3.創傷症候疾患 4.人際關係困擾 5.認知扭曲 6.不快樂的人格特質

資料來源：《家庭暴力防治專業人員工作手冊》（民96）。

◆施虐者的特徵

1.缺乏同理心，只顧自己的需要，不顧孩子的需求，對兒童有不切實際的期望。

2.對兒童的學業成就期望過高，孩子無法達成而放棄時，父母會認為孩子沒出息，予以忽視或施虐。

3.顯示有恐懼或情緒失控。

4.與孩子疏離。

5.施虐者從小在沒有母親愛護的環境長大。

6.對孩子的行為並不明智，尤其對孩子的失敗顯得相當的激動。

7.當談及孩子受傷的事顯露出殘酷、虐待狂或毫無悔意。

◆受虐者的特徵（謝秀芬，民100）：

1.年幼者，平均年齡是七歲，疏忽常見於嬰兒及幼兒，性虐待與精神虐待則以較大的兒童或青少年較常發生。

2.難帶的嬰兒或幼兒。Casanueva等人（2010）發現，兒童本身屬於經常哭鬧、打破安靜氣氛難教養型氣質類型的兒童，比較容易受到父母的虐待。

3.有障礙（精神、身體、智能等）的兒童。

4.早產兒、發展遲緩兒童。

5.受虐孩子生理的特徵令父母產生某種內心的影像，如孩子可能代表父母所討厭的人，如配偶、情人、手足或父母。

6.性格頑劣難教養的兒童。

◆兒童虐待的處遇模式

　　目前在大多數縣市的家庭暴力暨性侵害防治中心，對於疑似兒童少年受虐案件的處理流程，如圖3-2所示。

1.社會處遇：

(1)將兒童暫時隔離，Brown（2011）指出，受到遺棄的孩子在出現情緒或行為的心理問題前，應安置到適合的家庭中。

(2)提供心理輔導與心理調適，同時學習溝通技巧。

(3)醫生、公衛護士、社工人員、鄰里長、老師等組成支援性服務，提供醫療、心理衛生、托兒服務、安置服務、寄養家庭等照顧。

(4)協助兒童與照顧者接受輔導，提供親職教育協助父母養育孩子必備的知識和能力。

(5)建立施虐父母的社會支持網絡。

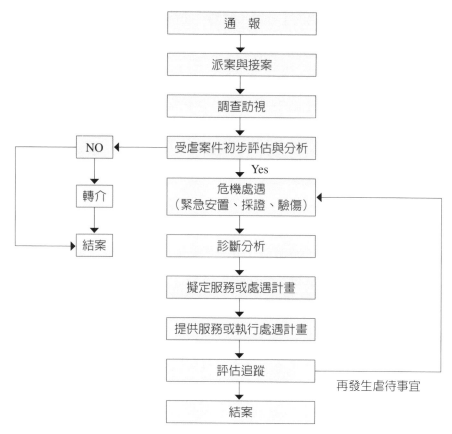

圖3-2　家庭暴力暨性侵害防治中心處理疑似兒童少年受虐流程圖

資料來源：內政部（民96）。

2.學校處遇：

　　(1)當學校發現學童受虐時，輔導室基於保密及保護原則應儘速
　　　通報家庭暴力暨性侵害防治中心。

　　(2)視事件需要召開會議，並邀學校相關人員迅速商討處理事
　　　宜，且開會後應儘速處理不得延誤，以爭取時效，並應注意
　　　現場的時間性、合理性、合法性，讓傷害降到最低。

3.三級預防：

(1)初級預防：避免及阻止虐待事件的發生，如媒體宣導、兒童
福利相關工作者、學校老師等都是重要的角色。Breiding、
Reza與Gulaid（2011）指出，提供照顧者親職教育機會，可
以預防虐待的發生。

(2)次級預防：保護受虐者，此部分主要依賴良好的通報制度和
輔導措施，依《兒童及少年福利與權益保障法》第53條規
定，醫事人員、社會工作人員、教育人員、保育人員、警
察、司法人員及其他執行兒童及少年福利業務人員，都為
「責任通報人」。

(3)三級預防：治療受虐兒童所受到的傷害，共同預防進一步的
受害，最主要的是身體治療、安置服務、心理輔導等。寄養的
安置照顧可以協助親屬照顧功能的不足（Rolleston, 2011）。

◆兒童保護工作的服務目標

依《兒童及少年福利與權益保障法》的保護原則，以兒童為中
心、以家庭為焦點的保護取向，結合家庭所在的社區資源或機構一起
合作，其保護的目標說明如下（內政部兒童局，民95）：

1.確保遭受虐待、疏忽或處於可能被虐待或疏忽危機情境下之兒
童，獲得安全且持續的照顧。

2.提供一個以兒童福祉為中心，家庭場域為焦點，重視文化敏感
度之全方位服務。

3.協助個案家庭獲得必要的支持性資源，以減緩兒童受虐或疏忽
程度，或者協助家外安置的兒童返家。

4.結合兒童保護服務相關資源與網絡，提供多面向服務。

5.檢討評量現行兒童保護工作之相關政策、程序、技巧與知識脈
絡，增進兒童保護工作的最佳決策。

6.建構適切且周延的轉介服務系統，結合政府與民間社區資源提

供持續性，以家庭爲基地的服務。

◆兒童保護工作的服務階段

依據《兒童及少年福利與權益保障法》第四章「保護措施」之規定，其保護流程大致可分爲兩個階段（內政部兒童局，民95）：

1. 兒童保護案件的確認：此階段的服務流程包括兒童受虐事件的「通報」及成案的「調查評估」兩個階段，經「調查評估」爲「不成案」者，可轉介社區中的兒童與家庭福利機構進行家庭高風險評估，如經評估爲「高風險家庭」，可轉介進入「高風險家庭」預防服務系統，如果通報案經過「調查評估」得到「成案」結果，則該案就列爲「兒童保護個案」，進入第二階段的服務流程。

2. 兒童保護案件的後續處遇：此階段正式進入兒童保護處遇系統，主要目的在協助兒童保護個案的危機解除與生活重建，依據《兒童及少年福利與權益保障法》第56條規定，如兒童有「非立即給予保護、安置或其他處置，其生命、身體或自由有立即之危險或危險之虞者」，各直轄市、縣（市）主管機關應該給予緊急保護、安置或爲其他必要之處置，此外，兒童「處遇計畫」大致可分爲「家庭維繫」與「家庭重建」兩種模式，說明如下：

(1) 家庭維繫服務：指兒童受虐事件經「調查評估」成案後，該兒童保護個案仍可安全生活於原生家庭之處遇模式。

(2) 家庭重建計畫：指兒童受虐事件經過「調查評估」成案後，惟評估「兒童保護個案」繼續生活於原生家庭之安全危機程度較高，則宜依法安置兒童於寄養家庭或安置機構的處遇模式。Holden（2011）指出，兒童保護應包括促進安全和穩定的家庭計畫。

參考文獻

內政部（民96）。《家庭暴力防治專業人員工作手冊》。

內政部（民100）。《兒童及少年福利與權益保障法》。

內政部兒童局（民95）。《兒童及少年保護工作指南》。

內政部兒童局全球資訊網（民100）。〈兒少福利數據統計〉。網址：http://www.cbi.gov.tw/CBI_2/internet/main/index.aspx，檢索日期：100/08/08。

江亮演（民96）。〈家庭暴力與社會工作直接服務處遇之探討〉。《社區發展季刊》，第112期，頁4-21。

余漢儀（民89）。〈兒童虐待〉。載於《社會工作辭典》。台北市：內政部社區發展雜誌社。

李增祿（民90）。《社會工作概論》。台北市：巨流圖書公司。

沙依仁（民94）。《人類行為與社會環境》。台北市：五南圖書公司。

沈瓊桃（民94）。〈婚姻暴力目睹兒童之因應探討〉。《台大社工學刊》，第11期，頁129 -164。

洪貴真（民92）。《人類行為與社會環境》。台北市：洪葉文化。

徐震、李明政、莊秀美（民89）。《社會問題》。台北市：學富文化。

張宏哲、林哲立（民96）。《人類行為與社會環境》。台北市：雙葉書廊。

張曉卉（民100）。〈關心孩子健康？台灣不及格〉。《康健雜誌》，第151期，頁16-22。

郭靜晃、吳幸玲（民96）。《發展心理學》。新北市：揚智文化。

郭靜晃、黃志成、黃惠如（民97）。《兒童發展與保育》。新北市：國立空中大學。

陳淑敏譯（民95）。《社會人格發展》。台北市：華騰文化。

黃碧霞、林資芮（民96）。〈我國兒童保護措施之現況與展望〉。《兒童及少年福利期刊》，第11期，頁1-18。

楊華玲（民93）。〈強強的心願：給我一個可以安心的家～老師眼中一位目睹家暴受虐兒的介入復原歷程〉。載於網路《社會學通訊期刊》，第40期。網址：http://www.nhu.edu.tw/~society/e-j/49/49-65.htm，檢索日期：100/08/10。

蕭世慧（民94）。〈從兒童虐待談家庭教育介入模式〉。載於網路《社會學通訊期刊》，第49期。網址：http://www.nhu.edu.tw/~society/e-j/49/49-65.htm，檢索日期：100/08/10。

繆敏志（民89）。〈人格〉。載於郭靜晃主編之《心理學》，頁338-376。新北市：揚智文化。

謝秀芬（民100）。《家庭社會工作：理論與實務》（第二版）。台北市：雙葉書廊。

Aron, S. B., McCrowell, J., Moon, A., Yamano, R., Roark, D. A., Simmons, M., Tatanashvili, Z., & Drake, B. (2010). Analyzing the Relationship between Poverty and Child Maltreatment: Investigating the Relative Performance of Four Levels of Geographic Aggregation. *Social Work Research, 34,*(3), 169-179.

Breiding, M. W. J., Reza, A., & Gulaid, J. (2011). Risk factors associated with sexual violence towards girls in Swaziland. *Bulletin of the World Health Organization, 89*(3), 203-10.

Brown, W. K. (2011). Growing past childhood trauma. *Reclaiming Children and Youth, 19*(4), 13-17.

Casanueva, C., Goldman-Fraser, J., Ringeisen, H., Lederman, C., Katz, L., & Osofsky, J. D. (2010). Maternal Perceptions of Temperament Among Infants and Toddlers Investigated for Maltreatment: Implications for Services Need and Referral. *Journal of Family Violence, 25*(6), 557-574.

Crosson-Towre, C. (2002). *Understanding Child Abouse and Neglect* (5th ed.). Boston: Ally & Bacon.

Gover, A. R., Jennings, W. G., Tomsich, E. A., Park, M., & Rennison, C. M. (2011). The Influence of Childhood Maltreatment and Self-Control on Dating Violence: A Comparison of College Students in the United States and South

Korea. *Violence and Victims, 26*(3), 296-318.

Han, I. Y., Lee, Y., Yoo, S. K., Hong, J. S. (2011). Prevalence of and risk factors for male sexual abuse: The case of south Korea. *Journal of Loss and Trauma, 16*(1), 84-101.

Havighurt, R. J. (1972). *Developmental Tasks and Education* (2nd ed.). N.Y.: Mckay.

Holden, C. (2011). Final Child Welfare Action the 111th Congress. *Policy & Practice, 69*(1), 22-23.

Maikoetter, M. (2011). From intuition to science: Re-ED andtrauma-informed care. *Reclaiming Children and Youth, 19*(4), 18-22.

Rolleston, C. (2011). Fosterage and access to schooling in Savelugu-Nanton, Ghana. CREATE pathways to access. *Research Monograph, 59.* Online Submission.

Weaver, J. D. (2011). The principle of subsidiarity applied: reforming the legal framework to capture the psychological abuse of children. *Virginia Journal of Social Policy & the Law, 18*(2), 247-318.

Chapter 4

少年期

一、少年的涵義

(一)法律觀點

依據《兒童及少年福利與權益保障法》（內政部，民100）與《少年事件處理法》第2條（內政部，民94）的規定，所謂少年係指十二歲以上未滿十八歲之人。

(二)發展心理學觀點

◆指青春期開始至發育成熟（性成熟）為止

青春期的開始以男女主性徵及次性徵的出現為代表，至此期結束，生殖系統大致發育完成，具生殖能力。少年初期，同儕的認定是非常重要的，艾力克森視此階段為自我認同相對於角色混淆時期。若無法綜合不同的角色期待去肯定自我，可能造成盲從、負面認同及角色分散的危機，對於現在或未來亦產生畏懼及逃避。此階段主要發展任務為形成自我認同，亦即透過我是什麼人？我將做什麼？我能做什麼？等的探索，逐漸形成獨特的個人，個人必須從與他人相處中，他人成為自己的一面鏡子，用別人對自己的態度和反應，反映出自我的形象，從而認識真實自我，在逐漸瞭解自己中慢慢形成有別於他人的態度、價值觀、世界觀及獨特的情感和行為。

◆青少年身體迅速的變化

　　這些伴隨著青春期（puberty）的變化——「身高衝刺」、生殖器成熟、第二性徵出現、體重增加；通常女性開始於十一歲，男性開始於十三歲，身體快速成長和性的成熟，不斷提醒青少年期即將來臨，使青少年開始思索自己在成人社會所扮演的角色，少年時期是人生一個重要的過渡時期，逐漸脫離兒童時期對大人的依賴，以及嘗試練習自我在人群中如何與他人有效相處的技能。

(三)就學制而言

　　指國中及高中（職）學生時期，按我國現行學制，國中生的年紀大約介於十二歲至十五歲之間，高中（職）學生年紀大約介於十五歲至十八歲之間。

二、赫威斯特的發展任務論

(一)身體器官與情緒表達趨於成熟

　　自青春期以後，主性徵與次性徵快速發展，直至本期最後漸趨於成熟；其他如感覺器官、呼吸系統、循環系統也都在發展狀態中。少年期的情緒常被認為處在狂風暴雨的階段，但在社會化的結果也會出現緩慢成熟的狀態。

(二)能與同儕中異性相處

　　從發展心理學的觀點，社會化是人生必經的過程，在此之前，在家裡與父母手足發展良好的家人關係，在學校與同學發展良好的同儕

關係，進入本期後對異性產生興趣，
但可能因為經驗不足之關係，而時有
摩擦，故本期少年學習如何與異性相
處，實為發展上的重點。

(三)能扮演適當性別的社會角色

　　在現今兩性共處的社會中，學
習如何扮演自己適當的性別角色，也
是本期少年發展上的重點，例如：男
生學習如何尊重女生，女生學習如何
善待男生。性別角色是指在特定文化與社會過程中，個人用來明示自
己為男性或女性的特質，並表現於其言行和興趣活動中。

(四)接納自己的身體容貌

　　此期少年對自己外在容貌顯得特別在乎，常常攬鏡自照，總覺得
哪裡不夠完美、哪裡有所欠缺，但不論外表如何，實為先天遺傳與後
天環境交織而成現狀，故此期少年應該勇於接受自己的身體容貌。

(五)情緒趨於獨立，不再事事依賴父母

　　在兒童時期若有委屈，常將心事訴諸於父母，但此期少年應該學
習如何面對自己的情緒，駕馭自己的情緒，不再事事依賴父母，逐漸
成為獨立的個體。

(六)為未來的婚姻及家庭做準備

　　少年期之末，即將進入青年期，結婚成家是為青年期發展上的重
點，基於人類發展上的銜接，此期就應為未來的婚姻及家庭做準備，

思考自己適合的結婚對象與成家後的種種事務。

(七)學習專長做就業的準備

依我國現行學制，高中、高職或大專畢業後，許多青少年即投入職場，因此，學習職業技能、建立正確的就業態度，實為本期發展上的重點。

(八)建立價值體系，以符合現實世界的需求

人類的價值觀，從小到大由家庭教育、學校教育與社會教育逐漸形成，本期少年即將進入青年期，故學習正確的價值觀念有利於未來在現實社會中的發展。

三、發展理論

(一)班都拉（**Bandura, 1977**）的社會學習論

班都拉認為，少年透過觀察的歷程就能進行學習，經由觀察學習，被觀察者，亦即示範者（model）的行為就成為觀察者的「楷模」，再經由自我系統的運作，觀察者「模仿」了被觀察者的行為表現，進而顯現相似的行為。基於這樣的行為學習模式，吾人應表現好的行為模式，並營造優質的成長環境讓少年學習，塑造好的行為模式。此外，應排除不良的行為讓少年有觀察模仿的機會，同時去除環境中的不利因素。

(二)皮亞傑（**Piaget, 1950**）的認知發展論

少年期的認知發展處於第四期：形式運思期，此期少年的思考型

態不再侷限於具體的事務或問題，開始可以運用抽象的、邏輯的思考方式去推理或判斷，並解決周遭的問題。例如：已能將代數幾何、空間關係（三度空間）等抽象邏輯概念做具體思考。

(三)柯爾堡（**Kohlberg, 1969**）的道德發展論

柯爾堡的道德發展觀點主要是以皮亞傑的發展觀點為基礎，特別重視有關道德判斷的形成與發展，少年期的道德發展處於第三層次——習俗後期（又稱道德後期），分為兩階段：階段一：重公約與法理，認為人們應以民主的方式決定眾人的意見來改善衝突，並重視法律規章制定過程的合理性。此期成為民主政治教育與法治教育最重要的關鍵期，家庭及學校教育的介入將有利於少年的道德發展；階段二：重普遍倫理道德原則，此階段的道德推理本著良心原則，超越權威、社會規範、法律，強調人權的平等與人性的尊嚴。從佛洛依德精神分析論的觀點，少年人格結構中的超我在此期快速發展；從人本主義的觀點，此期少年相當強調人類的尊嚴、正義及人權。

四、生理發展特徵

(一)身高

1.主要增長的原因：大腿的長骨與軀幹骨骼成長所造成的，骨骼發育成熟，身高就停止生長。
2.影響身高成長的因素：
(1)遺傳：個子高的父母所生的孩子通常身高較高。
(2)營養：營養好的少年身高較高。
(3)家庭社經水準：高社經（由其是經濟好）的家庭可能營養也較好，故少年身高較高。

(4)疾病：少年罹患某些疾病可能會影響發育，也可能因為罹患某些疾病導致食慾不振而影響營養的攝取，造成身高較矮。

(5)戰爭：一個國家或一些地區如因戰爭的因素，可能導致物資短缺，影響國民營養的攝取，進而妨礙了少年身高的發育。

3.生長驟增（growth spurt）：指少年期身高體重增長最大的一個時期，男生生長驟增的頂峰約在十三歲，女生約在十一歲。

(二)體重

嬰幼兒時期身體的重量主要來自軀體，少年期由於四肢驟長，分擔了體重的比率。男生體重的增加與軀幹肌肉的生長有關，女生體重的增加與脂肪的增加有關。Schwartze等人（2011）指出，青春期被視為肥胖與超重的發展關鍵期。

(三)青春期的開始

1.指身體急遽成長、生理功能日趨成熟及第二性徵發展的成熟階段，女生約在八歲至十歲以後，腦下垂體（位於腦中，控制人體的主要腺體）開始刺激分泌濾泡成熟素到卵巢中，這時卵巢開始分泌雌激素，正式開始進入青春期。生理上的變化如：乳房變大、月經來潮、聲音變細、長出陰毛等。

2.男生約在十歲至十二歲以後，進入青春期的初期，下視丘、腦下垂體與松果腺會產生連鎖反應，刺激睪丸製造男性荷爾蒙——睪固酮，然後再啟動青春期的變化，例如：性器官變大、長出陰毛、聲音變低沉等。

生理上的改變對女性及男性都可能造成正、負兩方面的影響，正面的影響是較佳的自我概念，自信心較高，同儕關係較佳；負面影響有情緒不佳、行為問題、學業成績不好，之所以產生這種情況可能是

因為少年尚未對此巨大改變做好準備，負向情緒也可能和早經與晚熟有關。

五、情緒發展特徵

(一)情緒對少年的影響

少年是不平衡的發展階段，對於快速的生理發展和性成熟未做好心理準備，容易焦慮不安，對於大人的新要求無所適從、容易發脾氣、鬧彆扭，因此情緒不易安定。

1. 影響身心健康：少年情緒的起伏不定，對於循環系統、呼吸系統、消化系統都會有不利的影響，對於人格發展也是負面的。
2. 影響人際關係：任何人都不喜歡愛發脾氣的人，所以一位少年若常喜怒無常、脾氣讓人捉摸不定，或多或少會影響人際關係。少年此時在行為上有較多的自由，也有較多機會被同儕接納或被拒絕，少年喜歡追求刺激、快感、隨性、衝動，容易與人起衝突。
3. 影響行為表現：一個EQ過低的少年，一但發起脾氣，可能隨便摔東西、攻擊他人。

(二)情緒發展的特徵

1. 延續性：幼兒的情緒可能普遍維持不到五分鐘，兒童的情緒可能普遍維持不到半小時，然而少年的情緒可能可以維持數小時，甚至於數天。
2. 豐富性：情緒是分化的，幼兒期的情緒表現很簡單，到了少年期已分化得很複雜了。在一天當中會出現快樂、悲傷、興奮、

痛苦、高興、難過、憤怒等。

3.特異性：以負面的情緒為例，少男傾向於發怒，少女則傾向於悲傷和懼怕；外向的少年容易被興奮、樂觀的情緒所包圍；內向的少年則易被悲傷、憂鬱所感染。

4.波動性：由於少年身心發育尚未成熟，情緒表現常有兩極化的現象，高興時容易得意忘形，挫折時容易垂頭喪氣，情緒的反應常走極端。

5.文飾性：由於少年逐漸社會化，常出現外部表情與內部想法不一致的現象。例如：某少女愛慕一位男生，但外表卻表現出不在乎、冷落人家，其實內心卻很關心他的一舉一動。

(三)危險因子

◆憂鬱症狀

Gonzalez-Forteza等人（2011）指出，憂鬱症為全球最重要的衛生問題之一，壓力性生活事件及高度的神經質人格是憂鬱症的危險因子。憂鬱障礙產生生活負擔的影響越來越多，憂鬱情緒如未適當紓解或適時處理，對社會心理的發展會造成負面的影響（Piko & Fitzpatrick, 2003）。憂鬱症狀也在少年期出現，但大多數一直到許多年之後才被診斷，使少年憂鬱問題一直被隱藏，因而影響生活的適應及學業成就，且增加自殺的危險。

少年時期常被稱為「人生的風暴期」，因為面臨生理功能、認知模

式與人際關係等多方面的變化，此外，除生理上賀爾蒙改變外，在社
會適應上也要重新思考，尋求自我認同，但少年的認知、情緒管理、
挫折容忍力等技巧上未發展成熟，在面對身心發展、社會適應及升學
壓力時，這些壓力可能成為其心理與生理上的沉重包袱，如壓力長期
無法紓解或承受，會發生許多不適應的情況，憂鬱就是最常出現的症
狀之一。

◆ 自殺行為

　　自殺行為也在少年期出現，自殺少年的認知、情緒、行為、動
機及挫折容忍力，與常人不同。在困境中，自殺少年的情緒呈現以衝
動、無助、絕望、憂鬱、挫折、矛盾居多。自殺少年的思想常有僵
化、鑽牛角尖的現象，因此無法有彈性的產生有效策略，解決面對的
難題，導致自殺。少年自殺的原因不外乎：

1.家庭問題：如父母婚姻衝突導致家庭結構鬆動、解組，少年也
　不想活了。
2.憂鬱症：罹患憂鬱症的少年較容易產生自殺行為（Jacobs et al.,
　2003; Baldwin & Wild, 2004）。
3.報復：例如覺得父母管教過嚴、要不到滿意的零用錢，以自殺
　來報復。
4.功課壓力：在重視升學主義的台灣，一些少年在無法面對課業
　壓力時，選擇自殺。不管動機為何，自殺者目標皆是想藉著自
　殺來解決他們認為難解的問題。

六、家庭環境對少年行為的影響

(一)相關理論

◆家庭動力論（theory of family dynamics）

　　認為家庭成員之間的互動會造成對少年的影響，因此，父母的特徵如管教風格、互動模式（行為之成因）造成對少年行為的影響（行為之結果）。如果少年處在一個病態的家庭（例如父母管教過於專制或嚴格、冷漠、氣氛不佳、家人關係不和諧等），將導致少年偏差行為的產生。

◆社會控制論（social control theory）

　　此理論認為人性本惡，人天生就有潛在的犯罪因子，人不犯罪是因為外在環境的各種限制。換言之，人類之所以不犯罪或養成守法的行為，乃是受到外環境之教養、陶冶和控制的結果。因此，少年之所以不會做壞事或犯罪行為，乃是家規、校規和法律控制得當。然而，在此前提下，必須父母或師長管教得宜，少年認同父母或師長，願意服從家規、校規，進而遵守法律。如果家庭氣氛不好、家人關係不和諧、學校成績不佳，少年可能轉向認同同儕，如果所認同的同儕行為不佳，偏差行為於是產生。

(二)不同種類的家庭對少年行為的影響

◆疏離家庭

　　指家庭成員各自為政、分離獨立，很少相互依賴。若有成員面臨壓力，其他成員也沒有反應，很少彼此關心。少年無法在情緒需求與

社會需求獲得滿足，自然會影響人格發展。比較內向的少年可能終日在家鬧情緒，比較外向的少年可能終日在外逗留不想回家，甚至結交不良朋友。

◆重組家庭

指由繼父母與子女組成的家庭，是父母的一方或雙方攜帶子女一起生活的家庭。少年需要建立嶄新的人際關係，尤其是面對沒有血緣關係的親人時，難免會產生一些不適應。父母再婚又形成一個新的家庭系統，家庭的期望、常規和互動模式也不同，使得適應難度更高，一向最能幫助他的父母親在此時自身也需要適應，所能協助孩子的就相對有限。此時少年在行為上可能無所適從，因此，以較民主、尊重的態度，家人共同協商，建立一套各方同意的新管教方式及常規是有必要的，否則少年可能不認同這個家而往外發展了。

◆婚暴家庭

指孩子生活在父母經常吵架或暴力相向的家庭，婚姻暴力對孩子的心理會有負面的影響，會傷及孩子的自尊心與自信心，孩子因而容易導致異常行為或其他心理問題，阻礙正常心理及行為發展。暴力常招致更多的暴力，少年（含日後長大）使用暴力的機會也增高。

◆少年被虐待家庭

孩子被虐待包括身體虐待（如拉頭髮、打耳光、鞭打等）、精神虐待（如辱罵、訕笑、愚弄、給不雅綽號等）、疏忽（如不給飲食、天冷不給足夠的衣服、不理不睬不關心等）和性虐待（如猥褻、亂倫、強姦等）。少年長期被虐待可能導致的傷害包括：

1.身體的：瘀青、受傷、骨折、生病，甚至死亡。
2.心理的：退縮、孤僻、缺乏安全感、恐懼、驚慌、羞恥、憎恨異性、人格異常等。

3.社會的：人際關係障礙等。

七、目前台灣社會對少年造成不利的影響

1. 社會不正當與非法場所增多：如電動玩具店、賭博場所、網咖等，常使少年流連忘返，不當的沉迷與消費，衍生出許多問題。
2. 社會風氣不佳：台灣曾被國際譏為「貪婪之島」，即是在經濟發展之時，沒有良好的社會規範所造成的。
3. 教育政策不當：九年一貫教育政策朝令夕改，教師、學生無所適從，影響少年學習意願。
4. 社會福利不健全：台灣社會福利經費本來就少，編在少年福利的預算更少，以至於適合青少年的各種設施與活動，常因經費不足而嚴重缺乏。
5. 色情氾濫：台灣地區充滿色情文化，色情漫畫、DVD、VCD、書刊充斥市面上。電視雖有分級和鎖碼制度，某些色情頻道仍在深夜可見。雖標示限制級只供成人觀賞，但少年仍輕易看得到。
6. 大眾傳播品質不佳：大眾傳播媒體包括：報紙、電視、廣播等，仍以暴力、色情或煽情的節目居多。

八、少年同儕團體形成的原因

1. 有歸屬感、獲得支持的力量，增強自信：從艾力克森的心理社會學說觀點，少年期的發展目標是認同，少年常會集結志同道合之朋友，結為死黨，在內心世界富有歸屬感，彼此支持對方正向或負向的行為，當自己的行為獲得認同後，自信心則大為

增強。

2.逃避孤獨與寂寞：孤獨與寂寞是少年進入青春期以後，常經歷之痛苦經驗，孤獨與寂寞感使青少年產生焦慮，爲了逃避這種焦慮，迫切需要獲得團體的支持。少年是一個不甘寂寞的個體，其原因乃在於自己無法排解獨處的時間，故常呼朋引伴從事各種學習或休閒活動。

3.評估與澄清自己：少年參加同儕團體，可以獲得一個參照團體，作爲比較，可以評估並澄清自己的角色。例如：將學業成績與同儕作比較，將身上的服飾及用品與同儕的作比較。

4.逃避責任與工作：少年自以爲長大了，卻又無能力獨立；自以爲無所不能，卻又無法獨自處理日常生活事務與工作，故當責任與工作加諸少年身上時，少年常選擇逃避。

九、少年的偏差行為

依統計學的觀點認爲，不同於常態即爲偏差；依行爲適應觀點認爲，個人行爲有異且有害者，即爲偏差。而偏差行爲就是指個人行爲明顯的偏離常態，且妨礙生活適應；依社會學觀點認爲，每一個社會總會有一套約束與控制成員的規範存在，因此，要是違反社會上大多數人所認同的社會規範之行爲，即爲偏差行爲；就法律的觀點，則視其是否違反校規或觸犯相關法律規範而言。少年時期正處於身心快速發展階段，在心智尚未成熟的情況下，受同儕、家庭、社會環境等影響，在成熟經驗缺乏，與受到思考能力發展的限制，少年無法清楚的區分自己和別人對自己的看法。少年時期，個體面臨了生理與心理上的轉型與統合，是人生發展的一個關鍵時期，少年自我中心是少年認知發展中的現象，當個體的認知扭曲或適應不良，則可能出現荒誕不羈的行爲（黃天、谷芊、邱妍祥，民96）。

十、中途輟學

(一)中途輟學的定義

我國《國民中小學中途輟學學生通報及復學輔導辦法》指出，國民小學、國民中學應將未經請假未到校上課達三日以上之學生，列為中輟生，加強追蹤輔導，積極查尋，並填具通報單通報（鄉、鎮、市、區）強迫入學委員會執行強迫入學及該管主管教育政機關。未請假學生包括學期開學未到校註冊，或轉學時未向轉入學校報到之學生。

(二)中輟時所從事的活動

待在家裡的中輟學生，主要的活動為看電視、看漫畫、打電動或是幫忙做家事，但當時間久了感到無聊後，會開始外出和朋友閒逛、到泡沫紅茶店、上網等。青少年中輟之後有工作者，男生大都和爸媽一起去做勞力工作，女生則從事美髮或檳榔西施等較輕鬆的工作（劉玉玲，民94）。

(三)中輟與犯罪

「從中輟到犯罪」是一個連續的過程，如未能及早介入處遇，行為問題的嚴重性將逐漸惡化，造成社會極大的威脅，甚至巨大的傷害。從道德發展觀點而論，少年輟學是對道德權威的一種質疑，而少年道德發展不完全，會使其產生錯誤的道德認知，這是發生違法犯行的重要前兆，也是危害社會治安、威脅社會大眾安全的警訊。中輟生的犯罪機率會比一般學生高，若等到犯罪後再加以逮捕拘禁，政府即必須加

蓋更多如銅牆鐵壁般的監獄，聘用更多人力來戒護、管理與教化。

(四)中輟的原因

中輟行為並不是單一個個別「事件」、一段歷程，是受到社會變遷、家庭結構改變、教育缺失、多元化個人價值觀，以及社會不適當功利各種因素交互作用的影響結果。影響中輟的原因可以分為以下六個因素（張朝忠，民95；劉玉玲，民94）：

1. 個人因素：例如情緒不穩、在校與老師或同學吵架而中輟；學習能力欠佳，學習動機薄弱，導致中輟；價值觀有偏差而導致中輟。

2. 家庭因素：例如單親家庭、破碎家庭的少年，缺乏關愛而導致中輟；在家中父母管教方式不當，引起反抗而中輟。

3. 同儕因素：例如受中輟同學的引誘而蹺課、逃家；在校與同學關係不好，缺乏志同道合之朋友，而選擇離開學校；或受不良同學影響或引誘、被霸凌而不敢上學等。

4. 學校因素：例如教師管教不當，教學方式不佳，學校行政措施引起學生反彈，導致學生中途離校。學生在學校中製造許多問題和爭端，行為發生偏差的學生愈來愈難以管教，學校老師因缺乏輔導知能而加劇師生間的衝突。

5. 社會因素：社會文化急遽變遷，社會風氣日漸萎靡、功利主義導向、拜金氣息氾濫，導致社會整體價值觀的混淆，對於缺乏判斷能力的少年而言，造成相當負面的影響，加上大眾傳播媒體的誤導，價值觀念的改變——笑貧不笑娼，或受不良場所的的引導，有的中輟生從事各種不正當的工作，或參加不良幫派與組織。

6. 其他因素：Rauscher（2011）指出，青少年就業通常產生正面或

負面的影響，因爲工作降低犯罪，但也會增加輟學。

(五)中輟的影響

中途輟學對少年的影響極大，中輟可能影響的層面包括：

1.對個人生涯發展的影響：少年是一個很重要的人生發展階段，
　是追求自我、思考個人未來發展和建立個人價體系的重要關鍵
　時期。此時期如中斷正規的教育歷程，個人便無法學習足夠的
　基本知識與技能，無法發展其個性與潛能，也喪失學習與成
　長的機會，這也將使少年對其生涯發展無法做適當和理想的選
　擇與規劃，未來就業將受更多的限制，而流於低社經地位的階
　層。中輟之後更需面對一連串的生活改變、就業困擾、社會壓
　力等，對於身心發展尚未成熟的中輟生而言，是一項沉重的考
　驗與心理負擔。

2.產生教育投資與教育目標達成的問題：教育是發展個人才能、
　啓發獨立思想的途徑，成爲有識之士，才有更上一層樓的機
　會，中輟卻阻礙了達成的教育目標，也浪費了教育資源。

3.對經濟問題的影響：中輟生位居低技術、低所得及低職位的工
　作者，如中輟生增加會使政府稅收減少，此外，政府還要支付
　稅收經費以因應因中輟所帶來的教育與社會問題需求，不僅對
　個人、對政府而言，都涉及政府財政與就業資源的浪費，中輟
　都對經濟造成衝擊與影響。

4.對社會的影響：因中輟生常是少年發生違法行爲的重要前兆，
　中輟生不易找到工作，如此一來容易賦閒在家，過著遊蕩無目
　標的生活，而步上失業之途，若又受到不良同儕的影響，很容
　易步上犯罪一途，會造成嚴重的社會問題，甚至影響整個國家
　的發展。

(六)中輟學生的輔導

1. 個別輔導：由學校或有關單位協尋返校後，由導師及輔導老師做個別諮商輔導。針對學生的人格、情緒、價值觀做正確的輔導，以利其日後返校的學習生涯。

2. 團體輔導：由學校輔導室或校外輔導機構（例如張老師）針對中輟學生成立成長團體研習營，做團體輔導。

3. 司法處遇：針對虞犯、犯罪少年，由法院少年保護官協助輔導，匡正其偏差行為，以利其日後在學校、家庭及社會生活。

4. 醫療機構：針對有菸癮、毒癮等藥物濫用者，由醫療機構（例如煙毒勒戒所）進行勒戒。

十一、少年犯罪

(一)定義

少年犯罪係指十二歲以上未滿十八歲之人，觸犯刑事法令及少年事件處理法的犯罪行為，基於國家侵權主義，亦包含少年事件處理法第三條「虞犯」行為，如經常與有犯罪習性之人交往、經常出入少年不當進入之場所、經常逃學逃家行為，故廣義而言，少年犯罪行為應包括十二歲以上未滿十八歲之一般犯罪少年與虞犯少年兩者（馮燕，民97）。

(二)原因

有關少年犯罪的原因，一般都以個人因素、家庭因素、學校因素及社會因素來探討，以下則以心理學觀點做分析：

1. 精神分析論：佛洛依德認為童年經驗不佳（貧窮、暴力、父母婚姻關係不良等），容易導致少年犯罪。

2. 行為論：行為論學者認為，近墨者黑，少年結交損友容易導致犯罪；社會風氣敗壞、笑貧不笑娼、功利主義盛行，常促使少年走入犯罪的溫床。

3. 認知論：認知論學者認為，少年觀念偏差、好逸惡勞、價值觀扭曲，易成為少年犯罪的原因之一。

4. 生理心理論：此派學者認為，少年生理機能受損（例如大腦生化不平衡），可能導致一些精神疾病，進而做出一些犯罪行為。

(三)少年犯罪的趨勢

1. 少女犯罪有日趨嚴重的趨勢：少女犯罪的人數逐年增加，少女犯罪的比率亦呈上升的趨勢，論其原因可能與社會結構的改變，及女性參與社會活動的機會增加的緣故。

2. 兒童犯罪有延續為少年犯罪的趨勢：兒童犯罪若未經有效的輔導，隨著年齡的增長進入少年期，將理所當然的成為犯罪少年。

3. 暴力化：少年犯罪從早期的偷竊為大宗，進而逐漸成為搶劫、殺人之暴力犯罪行為。

4. 藥物濫用：由於各類毒品從世界各國不斷地運入本國，毒梟隱藏於少年聚集之遊樂場所，提供涉世未深之少年吸食，導致毒品犯罪之比率有逐年升高之趨勢。

5. 網路犯罪：由於電腦科技的發達與網路使用的普及，少年沉迷於網路，輕易的利用網路詐騙、販賣色情光碟，引誘未成年少女發生性行為或進入色情行業。

(四)少年犯罪的特色

在社會結構急遽轉型與變遷下，導致少年犯罪手法與犯罪程度的變本加厲，少年犯罪具有下列特色：

1.多元化：過去以單純的竊盜案件為最多，近年來其他如恐嚇、麻藥、賭博、強盜、搶奪、強盜、故意殺人、煙毒等觸犯人數百分比明顯增加，此外，如詐欺背信、槍砲彈藥、走私等罪，亦有少年參加。

2.集體化：兩人以上集體化作案少年犯罪案件占三分之二以上。

3.低齡化：少年犯罪年齡有越來越低的趨勢，這可能與少年越來越早熟有關。

4.尋求刺激與暴力化：少年喜歡尋求感官刺激，沉溺於飆車，甚至因細故或對情境認知扭曲，誤認他人瞧不起自己，而飆車或殺人者時有所聞，犯罪百分比大幅增加。

5.墮落性：少年違反麻醉藥品管制條例（如吸食大麻、安非他命）及煙毒犯者大幅增加，顯見少年缺乏生活目標而逃避現實者甚多。

6.病態享樂性：少年發生竊盜及其他財產犯罪案件之比率，往往是最高的，且賭博罪大量增加，大都肇因於少年尋求不正當享樂與高度消費額物慾者有關。

7.在學學生犯罪率大增：校園暴力事件大增，教師對此類學生充滿無力感，實為教育上一大隱憂。

十二、抽菸、毒品、喝酒

　　抽菸、毒品和喝酒三者對少年的危害很大，但好像是部分少年無以迴避的不良嗜好，儘管各校校規與兒童及少年福利法均明文規定少年不可以抽菸、吸食毒品和喝酒，但眾所皆知的，已儼然成為一個風潮與趨勢，尤其是抽菸與喝酒。在中國大陸，Zhu等人（2011）於北京中學進行了8,437名學生吸菸的危險因素的研究後指出，學生因為認為吸菸看起來優雅、時尚和尋求刺激是吸菸最重要原因，而考試、家族、心理、社會、學校壓力和同儕因素也是少年抽菸的相關因素。Kelly等人（2011）也指出，父母抽菸有較大的影響少年抽菸，而同儕的抽菸行為也會影響少年抽菸。

　　少年正值快速發展的重要階段，此階段使用毒品會產生負面的影響，例如，憂鬱和焦慮或神經功能障礙（McQueeny et al., 2011），但毒品已慢慢在校園內蔓延，以毒品吸收學生為幫派份子，在外更有毒販不斷地引誘少年吸食毒品，等到成癮後，再強迫少男從事犯罪的行為（如偷竊、搶劫、販毒等），更強迫少女從事色情表演及賣淫的工作，藉以換取毒品消除毒癮，最後均將越陷越深，無法自拔。因此，對少年實施反毒反藥物濫用有其必要性，但楊士隆、吳志揚、李宗憲（民99）指出，台灣對於少年藥物濫用預防工作卻僅以學校反毒教育宣導為核心，以校園安全的觀點處理有藥物濫用危險的少年，未能以健全少年成長的理念，協助少年身心發展，並將網絡延伸至家庭教育與社區。李思賢、林國甯、楊浩然、傅麗安、劉筱雯、李商琪（民98）指出，少年濫用藥物對於個人、家庭與社會都有很大的負面影

響，建議加強教育少年有關俱樂部藥
物成癮狀況；發現少年家中有家人使
用藥物時，應及時針對家中少年進行
心理諮商，減少使用的可能性；並研
發藥頭引誘用藥相關宣導手冊，加強
少年辨識危險情境，以及加強「say
NO」的行為技能。

喝酒原本是成人才允許的行
為，但早已成為部分少年的不良嗜好
之一，Smyth、Kelly和Cox（2011）
在愛爾蘭（Ireland）研究發現，第一
次喝酒的年齡下降了，且女生喝酒的比例提高，少年喝酒年齡的平均
中位數在十六歲。Kelly等人（2011）研究指出，少年中期比少年早期
更容易因為感情問題而使用酒精或濫用酒精，且有嚴重的趨勢。

十三、霸凌

青少年重視同儕，在情感上支持同儕，有時會為了支持同儕而參
與同儕霸凌行為（Li, Lynch, Kalvin, Liu, & Lerner, 2011）。Duncan與
Owens（2011）指出，社會權力與霸凌行為有相關性，尤其女生有時
會為了異性而產生霸凌行為。張榮顯、楊幸真（民99）指出，權力不
均是分辨霸凌行為的一大特徵。根據兒童福利盟調查，霸凌類型以排
擠他人的關係霸凌（76.7%）和言語霸凌（59.8%）最常見，肢體霸凌
再次之，但網路霸凌（cyberbullying）興起，例如利用網路散播攻擊他
人的言論、變造他人圖片、上傳他人遭欺負的影片等，16.6%學生曾
在網路上霸凌他人，11.1%曾經受害（蔡沛琪，民100）。李淑貞（民
96）在翻譯的《無校園霸凌》一書指出，霸凌的行為會摧毀一個人的

信心與自尊，可能導致嚴重且長久的生理、情緒及心理上的傷害，也認為霸凌是一種力量不對等的狀況。霸凌是一種惡意、長時間且重複的負面欺凌行為，彼此之間是權力不對等的。霸凌類型區分如下（教育部，民100a）：

(一)類型

◆肢體霸凌

以肢體暴力行為霸凌他人，包括推、踢、毆打弱勢同儕、搶奪財物等，是最容易辨認的一種，會造成他人身體受到傷害。

◆關係霸凌

排擠孤立、操弄人際，排擠或中傷自己討厭的同學，此為最常見的霸凌型式。這一類型的霸凌往往牽涉到言語的霸凌，包括排擠弱勢同儕、散播不實謠言中傷某人等。

◆語言霸凌

指出言恐嚇、嘲笑謾罵、言語刺傷、取不雅的綽號等。運用語言刺傷或嘲笑別人，包括取綽號、用言語刺傷、嘲笑弱勢同儕、恐嚇威脅等，是校園中最常出現且最不易發現的霸凌行為，會造成他人心理受傷，傷害程度有時會比肢體霸凌還嚴重。根據得勝者教育協會在台灣大哥大基金會贊助之下，針對全國二十四縣市參與「得勝者課程」的一萬名國中生分層隨機抽樣顯示，在校園霸凌行為中，主要以「語言霸凌」較嚴重，包括背後被說閒話（14.3%）、當面被指責（10.7%）、關係霸凌（9.7%）與冷漠（9.5%），顯示青少年受語言傷害的程度與類別（章文，民99）。李卓穎、楊士隆（民100）針對花蓮地區高中職研究後也發現，該地區高中職生以「言語霸凌」最多。

◆網路霸凌

　　網路霸凌是近幾年隨著電腦網路與通訊科技的普及化所產生，又稱「電子霸凌」、「簡訊霸凌」、「數位霸凌」或「線上霸凌」，其定義相當多，但大致上大同小異，美國國家犯罪預防委員會定義：使用網路、手機或其他儀器將會傷害他人的文字或影像送上網路（教育部，民100a）。當一個少年遭遇其他青少年使用數位科技，例如簡訊、電子信件、即時通、msn等重複的折磨、威脅、騷擾、羞辱時，稱做被網路霸凌（教育部，民100b）。網路霸凌為利用網路散播色情圖片、散布謠言中傷他人、留言恐嚇他人等使人心理受傷或恐懼的行為，這是近年來新興的霸凌型態，而且程度相當嚴重（張信務，民96）。「網路霸凌」簡言之，是施暴者利用網際網路或者電子數位傳輸設備，如電腦網路、手機等，去傳送影片、手機簡訊或者張貼對他人有害或者威脅的影像或文字，將訊息快速蔓延，使受暴者遭受歧視、恥笑等遭遇（黃天佑、黃士珍，民99）。網路霸凌目前在少年之間逐漸流行，少年網路被害事件也逐漸增多，陳怡儒、鄭瑞隆、陳慈幸（民99）研究發現網路霸凌起源於現實生活中的紛爭，被害者與加害者習慣使用網路溝通選項來發展社交關係與解決衝突，加害者經過理性選擇後進行霸凌，但是沒有顧慮到行為後果，部分加害者利用網路的匿名性與便利性，掩飾身分與隨時隨地騷擾被害者，加害者利用網路所散布的訊息，可能引發網路上不特定多數之人幫助參與霸凌，網路的高私密性使監控者無法在第一時間處理霸凌，所以對少年網路正當使用的教育與輔導也就更形重要。

◆反擊霸凌

　　所謂反擊霸凌是指受霸凌者對霸凌者回霸回去，或是尋找比他更弱勢的人進行霸凌。這是受霸凌學生長期遭受霸凌之後的反擊行為，包括受霸凌時肢體的自然回擊或去霸凌比自己更弱勢的人。

◆性霸凌

　　所謂性霸凌是指取笑或評論對方的身體、性別、性徵、性取向（例如「娘娘腔」的男生）等，或是性騷擾、性侵害。張榮顯、楊幸真（民99）認為性霸凌的定義是：長時間、惡意的對於他／她的身體部位或是性別傾向，以言語、關係（如社交）或是肢體上的霸凌方式來侵犯，且這當中有明顯的權力不均（含權力濫用）等現象。

(二)建議對策

　　目前台灣的國民中小學校園霸凌案件層出不窮，嚴重干擾教師的「教」與學生的「學」，鑑此，營造國民中小學「友善校園」乃為當前國民教育之重大政策，而當前國民中小學「校園不友善」之成因，最主要因素包括政府、家庭、學校與社會四面向，如能針對此四層面以力求改善，針砭時弊，對症下藥，則「友善校園」乃指日可待（姜得勝，民100）。顏正芳（民99）指出，霸凌施暴和受害都和兒童青少年心理健康狀態不佳有所關聯，同時兼具施暴和受害者角色者的心理健康問題尤其嚴重。陳怡儒、鄭瑞隆、陳慈幸（民99）認為，正當使用的教育與輔導協助霸凌者非常重要。集合各方建議，針對霸凌事件的處遇說明如下（鄧煌發，民96；雷新俊，民98；教育部100a；李卓穎、楊士隆，民100；姜得勝，民100；孫敏芝，民99）：

◆政府方面

　　1.加強宣導。
　　2.統一各校對霸凌事件的處理因應策略。
　　3.確實執行大眾傳播媒體在傳播上的分級限制制度。
　　4.落實社工入駐校園理念，增加學校社會工作人力，協助校園輔導一切必要的協助。

◆學校方面

　　1.營造溫馨和諧的友善校園，有效預防校園霸凌。

　　2.加強校園安全管理。

　　3.辦理研習，增進教師處理霸凌事件的專業知能。

　　4.訂定校園反霸凌政策，並透過教育宣導讓學童瞭解如何因應霸
　　　凌行為。

　　5.建構完善的校園霸凌事件通報機制與處理流程，及時處理。

　　6.建構友善的校園。

◆老師方面

　　1.對學生採用民主的管教方式。

　　2.提升教師輔導專業知能，妥善處理學生霸凌問題。

　　3.規劃提升兒童社會情緒能力的教育方案。

　　4.教導恰當的因應策略及霸凌認知。

◆學生方面

　　1.尊重他人，要有同理心。

　　2.學習正向的社交技巧，改善人際關係。

　　3.有效管理自我情緒，以正面的方式發洩精力。

　　4.認識霸凌行為、相關法規與正確的處理方式。

◆家長方面

　　1.重視親子互動關係，可有效覺察孩子異常行為。

　　2.增進親師溝通聯繫，預防霸凌事件。

　　3.身教勝於言教，管教子女應以關懷、支持與鼓勵。

　　4.五育並重的教育，尤其需加強品格與倫理教育。

◆社會方面

　　1.共同關注孩子的成長環境，敏感社區中孩子的異常行為。

　　2.勿存「自掃門前雪，莫管他人瓦上霜」的封閉觀念。

十四、網路成癮

　　網路成癮不僅會有個人行為問題，也會帶來家庭與社會問題（楊志偉、羅中廷，民95）。少年到底使用網路來做什麼？王宗松、鍾鼎（民98）發現，學生最常用的網路服務是「即時通訊」、「搜尋資訊」和「閱讀文章／新聞／雜誌」。Dowdell、Burgess與 Flores（2011）調查少年網路使用狀況，發現使用線上社交網站以及facebook有迅速增加的現象，而網路上充斥著色情網站，也潛藏著性犯罪者，認為應提供更好的重點教育和預防方面的努力。

　　至於網路成癮的少年有哪些特質呢？謝龍卿（民93）研究發現，青少年網路成癮的高危險群是上網時間較長、學業成績較差、社交圈較小、網友數較多。魏希聖、李致中、王宛雯（民95）也指出，相較於一般學生，網路成癮高危險群的自尊較低，害羞傾向較高，與家人的互動較差，較不喜歡學校，唸書時間較少，段考排名亦較差。陸美如（民98）研究指出，線上遊戲使用率男生高於女生，經常使用地點為家裡，網路成癮高中生認為本身人格特質才會影響真實人際互動，網路成癮高中生，人格特質多為缺乏自信心、自卑、緊張與易焦慮。劉子利、徐錦興、蔡存裕（民99）研究發現，男生較女生容易出現網路成癮傾向，沉溺網咖的學童網路成癮傾向較高，使用網路虛擬溝通互動軟體越多，越容易出現網路成癮傾向。方紫微（民99）研究發現，男生在一週網路使用總時數、打電玩時間、網路沉迷、孤寂感及問題焦點因應之分數上，皆顯著高於女性，而女生在逃避因應、尋求

支持及網路社會支持之分數上，
皆顯著高於男性，兩性之孤寂
感、打電玩時數、人際互動時
數、逃避因應、情緒焦點因應皆
能有效預測網路沉迷。

　　網路成癮會造成精神、以
至於健康、生活等受到甚多負
面的影響（張瓊娥、陳光榮，民
100）。但為何少年又那麼喜歡上網而成癮呢？網路成癮的動機（原
因）為何？陳冠名（民96）研究發現，連線遊戲和網路成癮量表的
相關最高，而心理需求的滿足是青少年上網的最大動機。褚志鵬、林
珍如、陳國文（民97）指出，影響學生網路成癮之因素包括網路使用
量以及社交活動、情色滿足與紓解升學課業壓力三項使用動機。韓佩
凌、鄔佩麗、陳淑惠、張郁雯（民96）研究發現，生活壓力對網路沉
迷有顯著正向關係。張高賓（民98）研究指出，父母教養態度中，
「忽略」、「敵意」、「少關愛督導」具網路成癮之預測力。晏涵
文、劉潔心、馮嘉玉（民98）指出，少年透過網路交友、約會，甚至
發生性行為。

　　由以上之文獻，可以歸納出下列幾個結論：

(一)網路使用趨勢

　　1.使用線上社交網站以及facebook有迅速增加的現象。

　　2.沉溺網咖的學童網路成癮傾向較高。

　　3.使用網路虛擬溝通互動軟體越多，越容易出現網路成癮傾向。

　　4.男女兩性之孤寂感、打電玩時數、人際互動時數、逃避因應、
　　　情緒焦點因應皆能有效預測網路沉迷。

　　5.常常參加連線遊戲的少年較易造成網路成癮。

6.父母教養態度中,「忽略」、「敵意」、「少關愛督導」具網路成癮之預測力。

(二)網路使用動機（原因）

滿足心理需求、社交活動、情色滿足、紓解壓力、約會與發生性關係。

(三)網路成癮的特質

1.在人格特質方面：自尊較低、害羞傾向較高、缺乏自信心、自卑、緊張、焦慮。

2.在學校生活、學業成績方面：學業成績較差,段考排名亦較差、較不喜歡學校、唸書時間較少。

3.在生活型態方面：上網時間較長、社交圈較小、網友數較多、生活壓力大。

4.在家人關係方面：經常在家使用網路,與家人的互動較差。

5.在性別的比較上：

(1)線上遊戲使用率及網路成癮者男生高於女生。

(2)男生在一週網路使用總時數、打電玩時間、網路沉迷、孤寂感及問題焦點因應之分數上,皆顯著高於女性。

(3)女生在逃避因應、尋求支持及網路社會支持之分數上,皆顯著高於男性。

(四)網路成癮的影響

整體而言,網路成癮影響如下（黃志成,民98）：

◆網路成癮對生理影響

1.感覺系統：包括眼睛痠、眼睛疲勞、視力減退；由於網咖高分

貝且持續聲音，造成聽力受損。

2.消化系統：由於久坐，缺少走動，造成腸胃蠕動減緩、胃腸不適等問題。

3.筋骨痠痛：由於持續保持相同姿勢，造成肩膀痠痛、腕肌受傷、手指頭痛。

4.呼吸系統：由於網咖店空氣不良，造成經常性咳嗽、鼻子過敏，嚴重時支氣管阻塞。

5.頭痛、偏頭痛。

6.睡眠不足，影響體力，精神不濟。

7.促發未來致癌：長期接受輻射電池波，對體內細胞癌化產生促進作用。

8.自主性或非自主性的敲打鍵盤的動作。

◆網路成癮對心理的影響

1.有時因上課或做別的事情而未在電腦旁，顯現焦慮不安、易怒、沮喪、心神不寧的現象。

2.對網路存有幻想和夢境。

3.由於沉溺於網路的虛擬世界，造成角色混淆或多重性格。

◆網路成癮對社會功能的影響

1.影響家人關係：少年一旦網路沉迷，在生活上就常會沉溺於一人的世界，少與家人溝通，也盡量不參加家人的活動，如旅遊、拜訪親友、聚餐等。

2.沉溺虛擬關係：長期的與電腦為伍，很容易建立一些虛擬的人際關係，結交同性或異性網友，甚至更換自己的性別、年齡、隱瞞自己真實的身分結交網友，讓自己活在另一個虛擬世界。

3.被欺騙感情：一旦網路交友成形，基於對感情的渴慕、性的好奇與需求，很容易被騙感情、因網交被側錄、發展一夜情導致

人財兩失。

4.影響發展正常的社會行為：青少年正值發展同儕同性與異性友誼的一個關鍵期，若沉迷於網路，自然會離群索居，把自己封閉在一人的世界，影響正常同儕間的人際互動。

◆網路成癮對學業的影響

1.學習時間失序：由於熬夜上網，常造成早上無法準時起床，導致上學遲到，或上課無精打采、打瞌睡，甚至光明正大的睡覺。

2.影響學業成績：由於上網的時間過長，常排擠了讀書的時間，以至於作業無法按時完成，考試成績不佳。

(五)輔導建議

精神科醫師柯志鴻（民95）認為訓練青少年的控制力、對規則的遵守、建立多元正當的休閒活動是相當重要的議題，建議網路世代的父母，應該從小學就注意網路時間的規劃和限制。連廷嘉（民96）針對網路成癮青少年進行持續三個月的研究後指出，焦點解決取向團體諮商對青少年網路成癮行為之「耐受向度」、「戒癮向度」及「生活功能問題向度」等三方面，均有顯著正向的改變效果。

◆教育單位（魏希聖、李致中、王宛雯，民95；韓佩凌、鄔佩麗、陳淑惠、張郁雯，民96）

1.教育和輔導專業人員可嘗試藉由課程和方案提升學生自信，並教導其社交技巧，以強化他們在現實生活中的社會網絡，減低對於網路世界互動的依賴。

2.協助網路沉迷者去釐清網路沉迷的真正原因。

3.學校面對少年對生活事件挫敗的一些因應策略的輔導上，仍須付諸於更大的心力，協助其建立一個良好社會、學校、家庭的

支持體系。

4.加強網路沉迷現象的宣導，協助少年提升自我監控能力，並能
拓展其他不同面向活動，學習正確網路使用態度。

5.提供相關的親職諮詢。輔導人員應協助家長瞭解網路沉迷相關
訊息，以及因應方式。藉由良性親子互動，增強現實生活中親
密關係的連結，將有助於舒緩網路沉迷的傾向。

6.發展因應的諮商模式或團體諮商方案。

◆家長方面（陳冠名，民96；林璟薰、林錦煌，民99）

1.網路是工具，少年宜分辨主從關係，家長與師長應多加瞭解少
年的心理需求與網路活動內容。

2.避免少年網路沉迷，宜從少年早期即著手。

3.父母應關家關心少年的上網情況與電腦設備。

4.重視家庭休閒活動的提供與安排，讓少年有適當的休閒管道。

◆醫療衛生方面

1.網路沉迷的現象日漸嚴重，醫療行為及教育輔導應加強合作。

2.發展工具篩檢網路沉迷者。

參考文獻

內政部（民100）。《兒童及少年福利與權益保障法》。

內政部（民94）。《少年事件處理法》。

方紫微（民99）。〈網路沉迷、因應、孤寂感與網路社會支持之關係：男女大學生之比較〉。《國立台灣師範大學教育心理與輔導學系教育心理學報》，第41卷，第4期，頁773-798。

王宗松、鍾鼎（民98）。〈科技大學學生網路使用分析〉。《大仁學報第》，第35期，頁53-66。

李卓穎、楊士隆（民100）。〈高中職同儕間霸凌行為及其因應策略之研究——以花蓮地區為例〉。《青少年犯罪防治研究期刊》，第3卷，第1期，頁81-131。

李思賢、林國甯、楊浩然、傅麗安、劉筱雯、李商琪（民98）。〈青少年毒品戒治者對藥物濫用之認知、態度、行為與因應方式研究〉。《青少年犯罪防治研究期刊》，第1卷，第1期，頁1-28。

李淑貞譯（民96）。Minton, S. J., & O'Moore, M.原著。《無霸凌校園：給學校、教師和家長的指導手冊》。台北市：五南圖書公司。

林璟薰、林錦煌（民99）。南台科技大學資訊管理學系主辦之數位教學暨資訊實務研討會，第五屆，頁669-688。

姜得勝（民100）。〈國民中小學「友善校園」營造之道：從「桃園縣八德國中」事件談起〉。《台灣教育》，第668期，頁13-19。

柯志鴻（民95）。〈如何預防青少年網路成癮？〉。《高醫醫訊月刊》，第26卷，第5期，頁10。

孫敏芝（民99）。〈提升兒童社會情緒能力之學習：美國SEL教育方案經驗之啓示〉。《幼兒教保研究期刊》，第5期，頁98-116。

晏涵文、劉潔心、馮嘉玉（民98）。〈青少年網路交友與約會、婚前性行為影響因素探討〉。《台灣公共衛生雜誌》，第28卷，第4期，頁322-332。

張信務（民96）。〈營造友善校園——「從去霸凌開始」〉。《北縣教育》，第61期，頁31-35。

張高賓（民98）。〈父母教養態度、家庭心理環境與青少年網路成癮之相關研究〉。《家庭教育與諮商學刊》，第6期，頁93-117。

張朝忠（民95）。〈分部式慈輝專班對中輟生在一般課程、技藝課程及家庭觀念影響之質性研究——以台南縣永仁國中慈輝班為例〉。中山學教育研究所碩士論文。

張榮顯、楊幸真（民99）。〈玩耍？霸凌？國小高年級男童性霸凌者經驗之探究〉。《教育學誌》，第24期，頁41-72。

張瓊娥、陳光榮（民100）。〈以習慣領域理論來建立「避免網路成癮」之模式〉。《習慣領域期刊》，第2卷，第2期，頁39-54。

教育部（民100a）。〈霸凌行為定義、態樣與特質。防治校園霸凌專區〉。網址：http://140.111.1.88/download/?p=7。

教育部（民100b）。〈網路霸凌的定義。反暴力霸凌安全學校〉。網址：http://www.peacefulschool.org/ArticlePage.aspx?ArticleID=e6959067-2493-4de8-b85b-1a065ee26d25。

連廷嘉（民96）。〈焦點解決取向團體諮商對青少年網路成癮行為之成效研究〉。《諮商輔導學報》，第17期，頁39-64。

郭靜晃、吳幸玲譯（民96）。《發展心理學》。新北市：揚智文化。

陳怡儒、鄭瑞隆、陳慈幸（民99）。〈少年網路霸凌被害因素研究——以日常活動被害理論分析〉。《青少年犯罪防治研究期刊》，第2卷，第2期，頁100-140。

陳冠名（民96）。〈青少年網路沉迷之研究〉。《實踐博雅學報》，第7期，頁53-101。

陸美如（民98）。〈高中生網路遊戲使用現況、人際關係、人格特質與網路成癮關係之研究〉。《教育學誌》，第20期，頁81-120。

章文（民99）。〈傷害青少年 語言霸凌更甚行動霸凌〉。《台灣醒報》。99/03/06。網址：http://www.anntw.com/awakening/news_center/show.php?itemid=12279。

馮燕（民97）。〈社區兒童及少年發展服務〉。載於馮燕、張紉、賴月蜜

主編之《兒童及少年福利》，頁307-332。

黃天、谷芊、邱妍祥（民96）。《青少年發展與輔導》。台北市：考用出版股份有限公司。

黃天佑、黃士珍（民99）。〈國中生網路霸凌行為相關影響因素之研究〉。《資訊科學應用期刊》，第6卷，第2期，頁1-16。

黃志成（民98）。〈少年網路成癮對發展上負向的影響〉。《網護情報》，第33期，A版，98/04/05出版。

楊士隆、吳志揚、李宗憲（民99）。〈青少年藥物濫用、藥物濫用防治和藥物濫用〉。《青少年犯罪防治研究期刊》，第2卷，第2期，頁1-20。

楊志偉、羅中廷（民95）。〈青少年網路成癮：病例報告〉。《台灣家庭醫學雜誌》，第16期，頁64-71。

雷新俊（民98）。〈校園霸凌事件的防治與輔導〉。《國教之友》，第60卷，第4期（第593期），頁33-41。

褚志鵬、林珍如、陳國文（民97）。〈高中學生網路使用行為、成癮狀況及戒減自我效能之調查研究〉。《健康管理學刊》，第6卷，第1期，頁73-93。

劉子利、徐錦興、蔡存裕（民99）。〈國小學童網路成癮及網路素養現況之研究——以雲林縣斗六市為例〉。《人文社會科學研究》，第4卷，第1期，頁13-49。

劉玉玲（民94）。《青少年發展——危機與轉機》。新北市：揚智文化。

蔡沛琪（民100）。〈國中小18.8%曾遭霸凌 情勢惡化中〉。《台灣醒報》，100/02/15。網址：http://www.anntw.com/awakening/news_center/show.php?itemid=20041。

鄧煌發（民96）。〈校園安全防護措施之探討——校園槍擊、校園霸凌等暴行事件之防治〉。《中等教育》，第58卷，第5期，頁8-29。

謝龍卿（民93）。〈青少年網路使用與網路成癮現象之相關研究〉。《台中師院學報》，第18卷，第2期，頁19-44。

韓佩凌、鄔佩麗、陳淑惠、張郁雯（民96）。〈北部高中職學生網路沉迷模式之徑路分析研究〉。《心理學報》，第38卷，第3期，頁355-373。

顏正芳（民99）。〈兒童青少年校園霸凌經驗和心理健康之關聯性〉。

《台灣精神醫學》，第24卷，第1期，頁3-13。

魏希聖、李致中、王宛雯（民95）。〈高中職學生網路成癮之危險因子與
　　偏差行為研究：以台中縣霧峰大里地區為例〉。《台中教育大學學
　　報》，第20卷，第1期，頁89-105。

Baldwin, R., & Wild, R. (2004). Management of depression in later life. *Advances in Psychiatric Treatment, 10,* 131-139.

Bandura, A. (1977). *Social Learning Theory.* Englewood Cliffs, N.J.: Prentice Hall.

Dowdell, E. B., Burgess, A. W., & Flores, J. R. (2011). Online social networking patterns among adolescents, young adults, and sexual offenders. *American Journal of Nursing, 111*(7), 28-36.

Duncan, N., & Owens, L. (2011). Bullying, social power and heteronormativity: Girls' constructions of popularity. *Children & Society, 25*(4), 306-316.

Gonzalez-Forteza, C., Torres, C. S., Tapia, A. J., Fernandez, I. H., Gonzalez-Gonzalez, A., Garcia, F. J., Medina-Mora, M. E., & Mejia, H. F. V. (2011). Reliability and validity of the depression scale CES-D in high school and college students from Mexico city: Results from a census. *Salud Mental, 34*(1), 53-59.

Havighurt, R. J. (1972). *Developmental Tasks and Education* (2nd ed.). N.Y.: Mckay.

Jacobs, D. G., Baldnessarini, R. J., Meltzer, H., Conwell, Y., Pfeffer, C. R., Fawcett, J. A., Simmon, R., & Horton, L. (2003). *Practice Guideline for the Assessment and Treatment of Patients with Suicidal Behaviors.* Washington, DC: American Psychiatric Association.

Kelly, A. B., O' Flaherty, M., Connor, J. P., Homel, R., Toumbourou, J. W., Patton, G. C., & Williams, J. (2011). The influence of parents, siblings and peers on pre- and early-teen smoking: A multilevel model. *Drug and Alcohol Review, 3*(4), 381-387.

Kohlberg, L. (1969). *Essays on Moral Development- The Psychology of Moral Development, Vol. 2.* N.Y.: Harper and Row.

Li, Y. B., Lynch, A. D., Kalvin, C., Liu, J. J., & Lerner, R. M. (2011). Peer relationships as a context for the development of school engagement during early adolescence. *International Journal of Behavioral Development, 35*(4), 329-342.

McQueeny, T., Padula, C, B., Price, J., Medina, K. L., Logan, P., & Tapert, S. F. (2011). Gender effects on amygdala morphometry in adolescent marijuana users. *Behavioural Bain Ressarch, 224*(1), 128-134.

Piaget, J. (1950). *The Child's Conception of Number*. London: Poutledge & Kegan Paul.

Piko, B. F., & Fitzpatrick, K. M. (2003). Depressive symptom atology among Hungarian youth: a risk and protective factors approach. *American Journal of Orthopsyhiatry, 73,* 44-54.

Rauscher, E. (2011). Producing adulthood: Adolescent employment, fertility, and the life course. *Social Science Research, 40*(2), 552-571.

Schwartze, D., Sowa, M., Bormann, B., Brix, C., Wick, K., Strauss, B., & Berger, U. (2011). Effectiveness of the school-based prevention program TOPP on factors influencing adiposity in Thuringian schools. *Bundesgesundheitsblatt-Gesundheitsforschung- Gesundheitsschutz, 54*(3), 349-356.

Smyth, B. P., Kelly, A., & Cox, G.. (2011). Decline in age of drinking onset in Ireland, gender and per capita alcohol consumption. *Alcohol and Alcoholism, 46*(4), 478-484.

Zhu, B. P., Liu, M., Wang, S. O., He, G. Q., Chen, D. H., & Shi, J. H. (2011). Cigarette-smoking among junior-high-school students in beijing, China, 1988. *International Journal of Epidemiology, 21*(5), 854-861.

Chapter 5

青年期

一、年齡界定

　　「青年期」的名稱和年齡界定，在文獻上有很大的差異，就名稱而言，除了「青年」的稱呼外，又有稱為「成年」或「成年前期」。就年齡而言，張春興（民96）認為青年期（adolescence）為自個體生理成熟到心理成熟的一段時期，大致自青春期開始約十一歲至十二歲，一直到二十一歲至二十二歲一段時期。張宏哲、林哲立（民96）在翻譯的《人類行為與社會環境》一書中提及：從二十二歲至三十四歲被視為一重要的人生階段，因為許多人生的重要角色都建基於此時期，稱為成年前期。本章所稱青年期，指二十歲至四十歲之人。

二、赫威斯特的發展任務論

　　人生發展是努力完成社會上所要求的任務過程，青年期的發展任務包括擇偶、婚姻生活、生兒育女、進修、職業選擇、社區活動及社交活動等。說明如下：

(一)選擇配偶結婚

　　「男大當婚，女大當嫁」，這是人生發展一個重要的里程碑；「成家立業」也代表人生的重要發展階段；因此，在青年期的前期，就應該結交異性朋友，選擇合適對象走入婚姻。

(二)學習適應配偶並和睦相處過親密生活

夫妻來自不同的家庭，成長背景互異，再加上生物性別的不同，婚後要能過著甜蜜的生活誠屬不易，因此，雙方要學習適應對方，相互尊重，如此才能過著親密的婚姻生活。

(三)開始家庭生活及扮演父母角色

結婚之後建立新的家庭，開始過新的家庭生活，生活方式應是夫妻雙方共商且認同的；過一段時間之後，愛情的結晶誕生，夫妻開始扮演為人父母的新角色，此時最重要的是學習如何當父母。

(四)教養孩子並滿足其需要

「養兒方知父母恩」，這一句話深層的意思應該是「養兒育女是一件不容易的事情」，因此，如何當一位稱職的父母就顯得格外重要，而在教養上一個大原則就是先瞭解孩子在發展上的需要，然後適度的滿足其需求。

(五)學習處理家務事

家務事看來簡單，但其實也是一門學問，舉凡食物的購買、烹調和儲存；衣著被褥的購買、洗滌和儲存；住宅空間的設計、家具物品的堆放和清潔保養等都是非常繁瑣的事，必須加以學習才能做得更好。

(六)決定是否繼續求學或選擇工作

在此期的前期，正面臨升學與就業的抉擇，也就是高中職、專科、大學畢業後要升學還是就業，考量的因素很多，就個人內在因素如自己的生涯規劃，就外在的因素如家庭環境以及整個大社會環境。不過赫威斯特提出發展任務的觀點是在1972年的事，以現今台灣社會的觀點而言，應該是「活到老學到老」，或是「終身學習」，準此，不管是高中職、專科、大學畢業，都可以考慮繼續升學，即使選擇就業，也應該在工作一段時間之後，配合工作的需要，再進學校作長期或短期進修，以增進自己在職場的競爭能力。

(七)參與社區活動及負起公民責任

人生所要涉入的事情很多，關懷社區、融入社區、多多參與社區活動，可以讓生活更精彩；此外，也應負起公民的責任，如服兵役、納稅、養兒育女等。

(八)建立良好社交友誼

人不能離群索居，要結交一些良朋益友，外向的人可能需要較多的朋友，內向的人也不能沒有朋友，不管重質或重量，都需要建立良好社交友誼。

三、熙海的發展理論

熙海的發展理論（Sheehy, 1974）說明青年期各個階段的發展，從二十歲到四十歲，將發展歸納為三階段：

(一)第一階段（二十歲至三十歲）

其目標為努力學習獨立，這階段的青年人要為自己的升學、就業、婚姻作抉擇，並且要在此期間完成這三件大事。

(二)第二階段（三十歲以上）

其特徵為對自我及其擬擔當的角色重新定義，有些青年人發現所擔當的工作不適合其能力、性向，或在原來就業機構很難有所發展，因此想要轉業；此階段也有可能選擇不適合的職業，同時自己歸因於不瞭解自己的能力及缺點，而作了此項的決定，所以必須改變過去的決定，重新出發。

(三)第三階段（三十多歲至四十多歲）

其特徵為努力掙脫某些不好的經歷（包括婚姻不睦、離婚、喪偶、生病、失業、子女學業落後或行為偏差等），青年人努力掙脫這些不佳的經歷以維持其社會公民的責任。

四、相關理論

(一)艾力克森的心理社會論（Erikson, 1963）

人生週期發展第六個時期發展任務為友愛親密（能與人建立親密關係），重要的人際關係焦點包括：友誼、性、競爭、合作夥伴等；而發展危機則為孤獨、疏離，社會化發展良好才容易交到朋友，要先付出愛心，關懷別人，別人才能接納你，除了結交異性朋友與他建立互愛的關係外，成人也可結交幾位知己的同性朋友；成人結婚後也能

維持夫妻間的互愛關係，組織健全的家庭。各階段所發展的信任、自主、自動自發、進取和自我認同等特性是親密關係得以發展的基礎，相反地，早期發展階段中未能解決的心理危機和衝突，將會在成年期再度呈現，影響個體與他人相處的關係，例如一個對自己肯定、接受自我的人，會比一個自我認同模糊、缺乏自信的人更容易信任和接受別人，因為他懂得「將心比心」（王梅君，民96）。

此外，還需與主管及同事調適良好，彼此互助合作，相處和諧，在鄰里、社區及社會，成人也要調適良好，與他人建立和睦的關係，成人從接受父母扶育，轉變至父母角色，可能發生的危機是夫妻關係緊張及適應問題，以及職業調適兩方面，若成人不能將其整個的自我與他人的自我相融合，就會產生孤獨感，與配偶及同事的關係易產生疏離情況，容易發生夫妻情感不睦、婚姻破裂及就業調適不良等情況。

(二)舒伯的生涯發展理論（Super, 1980）

舒伯把生涯發展分為五期，說明如下：

1.成長期（growth）：從出生至十四歲左右，這個時期經由遊戲、電視媒體、家人觀察等方式，開始發展自我觀念。例如：我將來要當警察、我將來要當護士。

2.探索期（exploration）：約從十五歲至二十四歲，主要活動都在學校學習，透過考試、課外活動、工讀等，對自己的能力、興趣、人格特質有初步的瞭解，屬職業試探期。

3.建立期（establishment）：約從二十五歲至四十五歲，生涯發展在此期成型，由最初職業逐漸穩定，至最後邁入職業穩定及專精的地步，在工作上有升遷的機會。

4.維持期（maintenance）：約從四十五歲至六十五歲，心態趨於

　　保守，享受數十年的工作成果，但有些人則要面臨失敗和不如
　　意的困境。

5.衰退期（decline）：約從六十五歲以上，準備退休，發展除了
　　工作以外的新角色，維持生命的活力，以減少身心上的衰退。

五、生理發展

(一)骨骼

　　骨骼在二十五歲大致成長完成。骨質的流失開始於三十幾歲，
五十歲以後加速，七十歲以後又減緩。

(二)肌肉

　　肌肉力量的高峰出現於二十五歲至三十歲之間，三十歲至六十
歲之間肌肉力量將逐漸減少10%，變弱的主要原因來自背部和腿部肌
肉。

(三)消化系統

　　三十歲之後，消化系統的功能逐漸降低。

(四)牙齒

　　智齒四顆約在二十一、二十二歲長出。

(五)動作能力

1.二十歲至三十歲左右青年的動作能力達到最高峰。
2.二十歲至二十五歲左右青年的動作速度達到最高峰。

3.二十歲至三十歲左右青年學習新的動作能力達到最高峰。

4.操作的靈巧性在此期最高，但過了三十五歲以後，手指和手部
動作的敏捷性都開始下降。

(六)感覺器官

1.視覺：一般而言，二十歲左右視覺最靈敏，四十歲以後開始衰
退，遠視逐漸出現。在三十五歲以後，從事閱讀的工作就明顯
需要更高的亮度，四十歲以後的衰退速度更為顯著。

2.聽覺：二十歲左右聽覺最佳，之後逐漸衰退。在二十五歲以後
對所有頻率的聲音均逐漸緩慢衰退。男女兩性在超過三十五歲
以後，聽力幾乎都有某種程度的損害。

3.味覺、嗅覺、觸覺，以及對溫度和疼痛的敏銳度則維持穩定。

(七)與健康有關的議題

◆抽菸

抽菸者得癌症、心臟病、消化系統、呼吸系統等疾病的機會較
大。Morrell、Song與Halpern-Felsher（2011）研究發現，青少年時期
抽菸，可能會造成青年期的菸癮，也發現成年後的發病率和死亡率與
吸菸有關。抽菸的危害是多方面的，美國癌症協會（American Cancer
Society）估計各種癌症，其中有超過一半以上是與抽菸有關（引自林
美珍、黃世錚、柯華葳，民96），而青年期致癌或埋下致癌因子的比
率有上升的趨勢。

◆喝酒

適度喝酒有益身心健康，更有益人際關係的進展。Mason與Spoth
（2011）也指出，青年參與飲酒雖然有很多負面的結果與相關聯，但

似乎也有積極的相關因素，包括幸福感。但過量喝酒則造成許多問題，包括：

1. 健康問題：肝硬化、癌症、心臟病、腸胃潰瘍，懷孕女性易產生畸型兒與智障兒（黃志成、王麗美、高嘉慧，民98）。
2. 公安問題：喝酒過量開車易造成車禍，易不慎造成火災。
3. 危及生命：溺斃、自殺、墜樓等。

◆藥物濫用

青年期藥物濫用問題是另一種嚴重影響健康的議題。世界各國都存在隱憂，在防治上都感困擾，對未來在醫療、治安上均將付出慘痛的代價，原認為都會地區資源取得便利，有藥物濫用

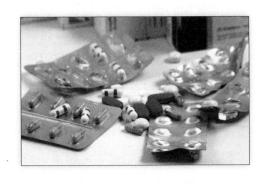

的狀況應會較鄉村嚴重，但Carlo、Crockett、Wilkinson與Beal（2011）卻發現，農村青年也存在藥物濫用的風險性中，而藥物濫用與犯罪行為的縱貫研究也發現有相關性。

◆運動

青年期是一個很需要運動的年紀，運動可以維持青年理想的體重、增強心肺功能、降低血壓、使肌肉堅實、預防心臟病、癌症、減少焦慮和抑鬱，並可延長壽命。但運動也有其危險性，如心臟病突發、骨折、肌肉挫傷、韌帶受傷等。所以青年人要選擇適合個人身體及生活型態的運動，再遵照正確的規則進行，便能避免這些傷害，而達到運動的最佳功效。

◆體重

體重是我們由食物所攝取的以
及由運動中所消耗掉的卡路里的直接
反映，在多數情況下，過重是因為所
吃的食物超過身體所需而造成的。
Wouters、Larsen、Dubas與Geenen
（2011）研究發現，青年期體重超重
與成年後期的健康問題有相關。鄒孟
婷（民95）針對台灣成年女性身體質
量指數（body mass index, BMI）與自
覺肥胖情形研究，並探討健康知識、
教育程度和客觀及自覺肥胖之關係後

發現，肥胖對台灣女性帶來的社會壓力相當高，成年女性普遍追求比
客觀標準更為纖細的體態。體重過重與過輕均不好，而體重過重會危
及健康，較有可能造成糖尿病、高血壓、癌症以及較高的死亡率。

◆A型性格與B型性格

美國心臟病權威Friedman和Rosenman（1974）依照人的生活型態
與人格的關係，將之分為A型性格和B型性格兩種，說明如下：

1.A型性格：指個性急躁、求成心切、有野心、好冒險的一種性
　格，成就動機強，亦較容易成功，惟易得高血壓與心臟病。
2.B型性格：指個性隨和、生活悠閒，對工作要求較寬鬆，對成敗
　得失的看法較淡薄，得高血壓與心臟病的機率遠低於A型性格
　者。

◆愛滋病

行政院衛生署疾病管制局（民100）統計資料顯示，累積本國籍通

報爲愛滋病毒感染者計19,735例，依感染危險因素分析如下：

> 1.性行爲占65.5%（未具防護的男性間性行爲占43.4%，異性間性行爲占22.1%）。
> 2.其次爲共用針具與稀釋液占32.6%。

　　由此可知，性行爲才是感染愛滋病的主因，至於感染者年齡則以二十歲至二十九歲最多，占38.1%，其次爲三十歲至三十九歲，占35.2%，也就是青年期（二十歲至三十九歲）就占了73.3%。特別要注意的是，年輕族群（十五歲至二十四歲）感染愛滋近年來有逐漸增加的趨勢，年輕族群在2007年占總通報人數的14%（272例）、2008年占20%（351例），到2009年更上升至28%（413例），值得重視的是，年輕族群90%都是性行爲傳染（行政院衛生署疾病管制局，民100）。

　　愛滋病帶原者除面臨本身病程的變化外，還得承受社會壓力與歧視，易產生憂鬱症狀（謝秀芬、李盈慧、盧柏樑、馮明珠，民99）。更可能帶來一些醫療上的問題，民國100年8月，醫療專業領域發生了史上重大疏失事件，台大醫院誤用一名愛滋病患捐出的心、肝、肺、腎等器官，陸續植入台大與成大醫院的五名病患體內，致五名病患被植入愛滋捐贈者器官，除成大換心女子體內測到愛滋抗體，衛生署醫事處長石崇良表示台大四名病患也測得愛滋抗體（陳清芳，民100）。愛滋病所帶來的汙名化、衝突和陰影仍會造成本人與家人嚴重心理壓力及情緒障礙，尤其是擔任主要照顧者的父母在照顧過程中須面對愛滋病汙名及慢性病程的壓力（馮明珠、高淑清、盧柏樑、柯乃熒，民97）。陳宏梅、史曉寧（民99）指出，愛滋汙名烙印使患者遭受到社交隔離、就業問題、經濟窘境等，甚至易因汙名所造成的輿論壓力產生沮喪、焦慮、孤獨、低自尊、自殺意念及較差的醫療遵從性。同時，愛滋的汙名烙印也是全球愛滋流行病學防治上最關鍵的阻礙，唯有改善愛滋汙名化，才能免於患者被歧視，確保其擁有就業、受教

育、隱私、保密權，以及獲得資訊、醫療照護與支持的權利。

六、心理發展

(一)智力發展

◆約在二十五歲達到高峰，以後逐漸減退

1. 智力高者，智力發展較快且達到高峰的年紀較晚；智力低者，智力發展較慢且達到高峰的年紀較早。

2. 接受的教育越高、持續接受教育的青年，智力發展得越多，而且衰退得越晚。

◆流體智力與結晶智力

美國卡泰爾（Cattell, 1965）所提出，把智力分為兩大類，分述如下：

1. 流體智力：或稱流動智力，即個體生物性的能力，與神經生理功能的發展有關，較少受教育與文化環境的影響，流體智力的發展到青春期已大致定型，二十歲以後進入高原期。此後隨著個體生理結構的退化，智力也漸減。與流體智力有關的能力如：新奇事物的快速辨認能力、記憶能力、理解能力等。

2. 結晶智力：或稱晶質智力，指應用既有知識與技能來解決各種問題的能力。結晶智力受教育與生活經驗的影響頗多，常言道：「我吃過的鹽巴都比你吃過的米飯還多，我走過的橋都比你走過的路還多」，這可說是結晶智力的表現。

(二)心理危險因素

◆壓力

　　生活壓力大的人較容易罹患胃腸、呼吸、循環、肌肉及骨骼方面的疾病，且會影響免疫系統的功能（黃志成，民96）。Putnick等人（2010）發現，當青年為人父母時，且子女正逢兒童期銜接過渡的青春期時，會增加育兒的壓力。大小不同的生活壓力，在短期間內雖不一定會造成影響，但長期處於緊張又充滿壓力的生活情境中，往往會產生身心不良之影響，如心臟血管疾病、高血壓、免疫系統疾病等，皆與壓力有密切的相關性。過度的壓力會使個體出現生理、心理及行為功能的失調反應，其症狀包括：

1. 生理方面：頭痛、肩頸痠痛、高血壓、腸胃障礙、胸悶、四肢不適等。
2. 心理方面：沮喪、不安、退縮、焦慮、憂鬱等。
3. 行為方面：哭泣、情緒失控、失眠、惡夢、注意力不集中、高缺席率、缺乏食慾、抽菸、喝酒、使用毒品、自我傷害與自殺等。

　　當個人面對壓力情境時，必須透過因應歷程來減輕、避免、容忍或接受壓力源，而因應的結果可能影響到個人生理上的變化，長期的結果可能影響個人的身心健康及社會功能，而有效的因應可避免個人的身心

健康受到壓力的威脅，過度的壓力有礙身心健康。有效的情緒管理，可作為個人在面對壓力環境時的有效因應因子（江承曉、劉嘉蕙，民97）。

◆精神疾病

慢性精神病影響患者生活層面大，尤其領有慢性精神病患障礙手冊者，要在職場找到工作相當不容易。99年時領有慢性精神病患障礙手冊者有110,809人（內政部統計資料處，民100）。患病者若處在青年期，此年齡層為適婚年齡與介於撫育子女的階段，父母為子女安全感的來源，精神疾病的父母因疾病而影響親職功能，對於處在青春期階段的子女衝擊甚鉅（張秀如、張君如、林青蓉、詹疊璇、蕭淑貞，民97）。青年期若罹患憂鬱症，會影響成年後的健康，成年後的疾病與早期的憂鬱症有相關（Wouters, Larsen, Dubas, & Geenen, 2011）。憂鬱呈現的症狀有心情憂鬱、社交隔離、失去興趣或樂趣、孤獨寂寞、生活品質不良、認知衰退、日常功能減退、罪惡感、低自我價值、睡眠障礙或食慾改變、無力感以及缺乏專注力、有自殺意圖，甚而自殺等，這些問題可能會變成長期疾病或週期性復發。黃芳銘、楊金寶、許福生（民94）指出，台灣地區自殺已連續七年列名台灣十大死因，平均每天會有八個人自殺，有九成以上的自殺個案是精神疾病的患者，其中，70%是憂鬱症與焦慮症患者。憂鬱症為二十一世紀最重要的疾病之一，而成年女性憂鬱症是男性的兩倍，許多證據也顯示女性生殖系統荷爾蒙改變的確會影響女性的情緒變化，產後憂鬱症即是一例，目前國人對生理疾病較重視，容易疏忽對心理疾病的探討，母親若有產後憂鬱症將會對嬰孩的認知、語言表達、注意力造成不良影響，嚴重則有自殺或帶嬰兒一起尋死的危險，不可忽視其重要性（楊子慧、李明濱、張秀如，民95）。

164

七、社會發展

(一)社會角色多元

從農業社會進入工業社會，在個人社會角色變爲更多元，現代人可能是爲人子女、爲人父母、爲人夫（或妻）、爲人長官（或部屬）、爲人同事、爲人朋友、爲人親戚等，故常造成角色衝突或角色混淆的現象。以下針對女性角色與男性角色加以說明：

◆女性角色

社會對女性的角色期望是同時的，許多家庭的衝突是源於個人多重角色的行使，使個人有限的時間、精力不足以分配，去負擔各種角色的期待，而影響角色的表現，或產生行爲矛盾與壓力（朱萸，民94）。在台灣養兒育女及照顧老人等照顧責任幾乎完全託付家庭中的妻子、母親、媳婦的角色，加上負擔沉重的家事工作，促使女性無法規劃或中斷工作生涯，而阻礙自我經濟地位的提升，剝奪女性個人發展的機會。利翠珊（民96）研究發現，已婚女性與公婆及父母間存在著不同類型的代間矛盾情感，指出代間矛盾情感與已婚女性的身心健康之間存在著顯著的關聯。在教養分工模式上，女性即使分擔了家中部分經濟，卻仍然無法卸下「主要教養者」的工作，在現實生活的雙薪家庭中，母親不僅是家事的主要勞動者，同時也扮演教養子女的主要角色，故常造成蠟燭兩頭燒的疲憊現象。

◆男性角色

人類對父職與母職的概念，源自於社會化之性別角色學習，在家庭工作上，父親做的事叫「父職」，母親做的事叫「母職」，這些都是社會所建構的概念，近年來「親職」一詞取代性別分界，並認爲

父親與母親共同參與育兒工作，對於兒童的身心發展會更好，但「親職」不等於父職加上母職，而是在各式各樣的家庭型態中，父職與母職以不同形態呈現。男性比女性有較多的工作壓力與較強的工作壓力感受，工作負擔重。但已婚男性性別意識會隨著社會變遷有所改變，有愈來愈現代的趨勢，而影響的因素主要有男性教育程度的提升以及配偶參與勞動市場的影響，男性主觀意願參與家務工作的程度較高，且在近年來參與比例有提升的現象。

(二)社會參與（social participation）

豪頓及韓特（Horton & Hunt, 1976）表示社會型態影響社會流動，在工業革命以前的社會中分工較少，缺乏專門職業及高深技術工作人員，但是在工業革命後工業現代化，在開發的社會中，分工日漸繁複而細密，需要大批接受高深教育，具有高度技術的工作人員，因此在當代社會，階級是開放的，社會流動是很容易發生的，成人在職業方面的成就及努力，很容易導致上升的流動。

1.社會參與的定義：指個人參加各種社會活動或加入社會團體參與運作，參與是個人社會地位的表徵。

2.人類社會化發展至青年期已達成熟，社會參與迅速增加，就整個人生旅程而言，青年期和中年期是社會參與最多的時期。

3.影響個人社會參與的因素包括：

(1)社經地位：通常高社經地位的人較有時間、金錢參與社會活動，且較傾向於參加專業的社會活動，如學會、協會等；相反的，低社經地位的人，常為生活奔波，較無暇參與社會活動，如有機會參與的話，也傾向參與志工性質的社會活動。

(2)職業性質：職業性質相同的較會一起參與社會活動，如職業工會。

(3)人格特質：人格特質屬外向的，比較會參與社會活動；相反的，人格特質屬內向的，比較不會參與社會活動。

(4)居住社區：居住社區的居民，比較會一起參與社會活動，如社區守望相助隊、晨泳會、登山隊等。

(三)社會流動（**social mobility**）

1.定義：指個人社會位置的改變。個人的地位從一個社會階級轉到另一個社會階級的現象。

2.種類：

(1)垂直流動：包括上升流動，即向上升遷，如軍中的尉官升為校官；下降流動，即向下貶降，如富商變為攤販。

(2)水平流動：由一個社會階級到另一個類似的階級，如汽車推銷員轉到房屋銷售員。

3.促進社會流動的因素：

(1)成就動機：成就動機強的人，對未來的企圖心大，較會實施「滿足延後模式」（deferred gratification pattern），努力於現在，促進社會上升流動。所謂「滿足延後模式」是指：個人寧願將目前的慾望滿足延後或稍作犧牲，例如為了事業上的成就，寧願晚婚的現象。滿足延後模式通常是屬於中產階級的生活方式與規範，蓋中產階級對社會流動比較敏感，為了未來的滿足，可以犧牲目前的慾望。

(2)父母的期待：父母對兒女的期待越高，子女的成就就會越大，就越有可能造成社會流動。

(3)社會結構：社會結構越開放，越有利社會流動；社會結構越保守，越不利社會流動。

(4)職業分化：上層的社會階層裡，分化出許多新職位與位置，如總經理、副理、襄理、科長等，增加個人向上流動的機

會。

　　(5)人口移動：農村人口移往都市，賺取更多的錢，進而提升社
　　　　會地位；上層階級生育少，上層位置必然由下層新生代接
　　　　任。

　　(6)婚姻：透過婚姻，個人會受配偶的影響，使社會流動往上升
　　　　或往下降。

4.社會流動可能遭遇的問題：

　　(1)使個人缺乏安全感：開放社會給予人們向上流動的機會，也
　　　　帶給人們向下流動的恐懼與壓力。

　　(2)個人初級關係的瓦解：由於個人欲往上流動，必然犧牲其與
　　　　初級團體的關係，造成與初級團體關係的淡化。

　　(3)適應新地位角色的緊張：個人換了新角色，必須重新調適新
　　　　角色，心理壓力必然增加。

　　(4)生活方式的改變：由於社會地位的改變，就會影響自己的生
　　　　活方式的改變，同時也會影響與家人的互動模式，如此均需
　　　　做調適。

參考文獻

內政部統計資料處（民100）。〈身心障礙按年齡或等級與男女〉。內政部統計年報。網址：http://sowf.moi.gov.tw/stat/year/list.htm。檢索日期：100/09/01。

王梅君（民96）。〈青春期、成年期及壯年期之心理發展〉。台灣醫療網。http://tw16.net/monographList.asp?m1No=4&m2No=106&m3No=390&Page=7。

朱萸（民94）。〈已婚婦女參與學習之家庭角色衝突與婚姻滿意度研究〉。私立中國文化大學生活應用科學研究所碩士論文。

行政院衛生署疾病管制局（民100）。〈年輕愛滋感染率逐年增加，做好安全性行為〉。愛滋／結核電子報，第23期，100/03/23。網址：http://www.cdc.gov.tw/mp.asp?mp=1。檢索日期：100/09/01。

江承曉、劉嘉蕙（民97）。〈青少年壓力調適、情緒管理與心理健康促進之探討〉。《嘉南學報》，第34期，頁595-607。

利翠珊（民96）。〈華人已婚女性代間矛盾情感之特色與測量〉。《中華心理衛生學刊》，第20卷，第4期，頁357-386。

林美珍、黃世錚、柯華葳（民96）。《人類發展》。台北市：心理出版社。

邱文彬（民93）。〈大學生辯証性思考與成熟人際關係發展整體關聯之研究：必要非充要〉。《師大學報》，第49卷，第2期，頁133-160。

張秀如、張君如、林青蓉、詹曇璇、蕭淑貞（民97）。〈家庭護理對精神分裂症父親之子女生活經驗的影響〉。《護理雜誌》，第55卷，第1期，頁43-54。

張宏哲、林哲立譯（民96）。《人類行為與社會環境》。台北市：雙葉書廊。

張春興（民96）。《教育心理學：三化取向的理論與實踐》（修訂二版）。台北市：東華書局。

張瀞云（民93）。〈尋找親密關係的聖杯——成年前期未婚男性擇偶歷程之研究〉。私立南華大學生死學研究所碩士論文。

陳宏梅、史曉寧（民99）。〈愛滋的汙名烙印〉。《新台北護理期刊》，第12卷，第2期，頁51-27。

陳清芳（民100）。〈誤植愛滋器官 台大院長道歉〉。CAN中央社，100/08/30。

馮明珠、高淑清、盧柏樑、柯乃熒（民97）。〈成人愛滋感染者父母親之照顧經驗〉。《護理雜誌》，第55卷，第1期，頁24-32。

黃志成（民96）。〈壓力與調適〉。載於郭靜晃主編之《社會問題與適應》，頁89-112。新北市：揚智文化。

黃志成、王麗美、高嘉慧（民98）。《特殊教育》。新北市：揚智文化。

黃芳銘、楊金寶、許福生（民94）。〈在學青少年生活痛苦指標發展之研究〉。《師大學報》，第50卷，第2期，頁97-119。

楊子慧、李明濱、張秀如（民95）。〈產後憂鬱症〉。《北市醫學雜誌》，第2卷，第7期，頁598-604。

鄒孟婷（民95）。〈台灣成年女性肥胖、自覺肥胖和健康知識與教育程度之關係〉。《台灣家庭醫學雜誌》，第16卷，第4期，頁237-250。

謝秀芬、李盈慧、盧柏樑、馮明珠（民99）。〈男性藥癮愛滋受刑人憂鬱程度相關因素之探討〉。《榮總護理》，第27卷，第2期，頁118-126。

Carlo, G., Crockett, L. J., Wilkinson, J. L., & Beal, S. J. (2011). The longitudinal relationships between rural adolescents' prosocial behaviors and young adult substance use. *Journal of Youth and Adolescence, 40*(9), 1192-1202.

Cattell, R. B. (1965). *The Scientific Analysis of Personality.* Baltimore: Penguin.

Erikson, E. H. (1963). *Childhood and Society* (2nd ed.). New York:Norton.

Friedman, M., & Rosenman, R. H. (1974). *Tape A Behavior and Your Heart.* New York: Knopf.

Havighurst, R. J. (1972). *Developmental Tasks and Education* (2nd ed.). New York: Longmans, Green.

Horton, P. B., & Hunt, C. L. (1976). *Sociology*. New York: McGraw-Hill.

Mason, W. A., & Spoth, R. L. (2011). Longitudinal associations of alcohol involvement with subjective well-being in adolescence and prediction to alcohol problems in early adulthood. *Journal of Youth and Adolescence, 40*(9), 121-1224.

Morrell, H. E. R., Song, A. V., & Halpern-Felsher, B. L. (2011). Earlier age of smoking initiation may not predict heavier cigarette consumption in later adolescence. *Prevention Science, 12*(3), 247-254.

Putnick, D. L., Bornstein, M. H., Hendricks, C., Painter, K. M., Suwalsky, J. T. D., & Collins, W. A. (2010). Stability, continuity, and similarity of parenting stress in european American mothers and fathers across their child's transition to adolescence. *Parenting-Science and Practice, 10*(1), 60-77.

Sheehy, G. (1974). *Passages: Predictable Crises of Adult Life*. New York: Bantam Books.

Super, D. E. (1980). A life span, Life space approach to career development. *Journal of Vocational Behavior, 16,* 282-284.

Wouters, E. J., Larsen, J. K., Dubas, J. S., & Geenen, R. (2011). Different mechanisms underlie post-menarchial increase in depression and weight. *International Journal of Behavioral Medicine, 18*(3), 254-259.

Chapter 6

中年期

一、年齡界定

　　本章所指中年期係依一般對中年人的稱呼在四十歲以上，並按老人福利法（內政部，民98）之規定，老人係指六十五歲以上之人，因此，本章中年期之年齡界定在四十歲至六十五歲以下。中年期會面臨多重之過渡衝擊，如家庭結構變遷、重大偶發事件及更年期身心改變（曹麗英、蘇美禎、安奇，民93）。故其適應上可能會出現一些問題，值得本章做進一步的探討。

二、赫威斯特的發展任務論

1. 創新婚姻之伴侶關係：中年夫妻常說：「我們都已經是老夫老妻了……」，這句話多少帶有消極性的婚姻關係，亦即一切按既有的生活模式進行就對了，但如此下去常造成婚姻關係如一灘死水，了無新意，以致於相敬如冰，甚而引起外遇事件。因此，中年夫妻應擺脫青年期家庭及工作上的壓力，創造更新的生活模式，如每月規劃相約去看電影、聽音樂會、唱歌、旅遊等，就如天天、月月在度蜜月。

2. 提拔後進：中年人在職場上可能多多少少都有一點成就，例如是中階或高階主管，或者會有一些人脈。因此，對於尚未進職場或新近職場的後生晚輩應該善盡提拔之責，使後進在職場上

的進展能更順暢。

3.完成社會責任：有形的社會責任如納稅、養兒育女等，在此期均應負起責任，如此可讓社區、社會更美好。

4.適應中年期的身體變化：中年人的身體狀況呈現緩慢衰退，面對這樣的狀況，中年人要能有所因應，如飲食宜清淡、應每天運動但不要做劇烈運動等。

5.奉養年邁的父母：不只是中國人講孝道，赫威斯特也講孝道。中年人的父母親已進入老年期，可能在生活自理、經濟上需要協助，尤其可能常需要陪伴就醫，子女、媳婦、女婿責無旁貸。

三、中年期的特徵

(一)生理的變化

1.體能在青春期達巔峰，青年期開始衰退，中年期加速退化，此期中年人慢慢會覺得體力大不如前，例如爬樓梯會喘得比以前更厲害。

2.皮膚較為乾燥，逐漸失去彈性，皺紋出現。

3.身體脂肪增加，身體有橫向發展的趨勢，贅肉增加，尤其在腹部。

4.視力衰退，可能變老花眼，老花眼是因老化造成眼睛負責調整焦距的水晶體逐漸變硬，失去原有的彈性，看近物時，調解能力降低，造成近距離工作或閱讀時發生困難的現象，主要因應方法是配戴老花眼鏡。

5.味覺、嗅覺和痛覺敏感度降低：慢慢覺得食物沒味道，或需要增加調味料才覺得好吃；對於周遭的一些香味、臭味或其他味

道逐漸感覺遲鈍；痛覺也慢慢降低，例如覺得打針沒有先前的痛。

6.神經動作能力降低：身體動作變得遲緩，做家事的速度變緩慢；出門辦事、聚會常會遲到。

7.內部器官（心臟、肺臟、肝臟、腎臟、胃等）逐漸顯現問題。

8.頭髮逐漸泛白，脫落速度加快。

9.骨骼開始萎縮，如骨質疏鬆症，造成骨骼流失，骨骼容易斷裂。

(二)更年期——中年男女的大事

1.女性在更年期時，月經變得不規則，到最後停止，這種特殊的改變稱之為停經（menopause）（林美珍、黃世琤、柯華葳，民96）。羅旭宜（民93）研究指出，更年期婦女平均年齡48.89歲，出現憂鬱情緒占44.5%，焦慮情緒占43.6%，顯示逾四成樣本有情緒困擾。女性進入更年期之後，月經停止，無法再生育，偶會出現熱潮紅現象（突然感覺熱傳遍全身），卵巢功能萎縮，排尿失調（因組織收縮所引起），女性賀爾蒙分泌減少，性高潮減少，陰道失去潤滑性，大部分的女性性慾降低，但也有些因不再有懷孕的顧慮，性需求反而增加，但因陰道內膜變薄，會有性交疼痛的感覺。

2.男性雖沒有明顯的更年期，但此長時間的階段也有下列的特徵：睪丸製造精子的數量逐漸減少，精子活力也不如前，生殖能力降低；性高潮的次數漸少，性能力逐漸降低，陽萎的現象增加，性需求逐漸減少。

3.男女兩性在面臨這樣的階段，心理上也起了一些變化，自信心降低，易感煩躁、疲倦、憂鬱、對性伴侶感到厭倦，這些變化也影響到性趣與性能力。

(三)心理特徵

◆思考

　　青少年看待事情，往往是依照絕對的真理，去尋找解決問題的策略，中年人較常用不同的觀點介入，尋求各種的可能，以及利弊得失。青少年往往用對錯來劃分事情，中年人則較在兩個極端的對立中尋求一個平衡點。

◆智力

　　流體智力隨著大腦緩慢的退化有稍降的趨勢，晶體智力則隨著人生的歷練增加而增長。

◆艾力克森的心理社會論

1. 發展目標：積極進取。中年人積極追求成長、再造，運用自己的智慧及人生經驗把自己的潛力發揮得淋漓盡致，除為自己的前途再做努力之外，亦關注周圍人們的需求，甚至於公益事業。
2. 發展危機：頹廢遲滯。中年人無法適應生活的挑戰，自顧自地滿足自我，無暇也無能力去照顧別人的需求，不能處理家務事，養兒育女，或者持續保有工作，在中年期頹廢遲滯。發展危機因素有：
   (1) 事業無法穩定：由於早期對職業的適應情況不佳，導致中年時期仍無法累積適切的經濟資源，導致貧窮而使得中年時期生活困難。加上雙生涯家庭的發展，可能對配偶產生競爭的心理，而導致家庭關係不佳。
   (2) 養育子女並維持家庭：由於事業無成，因而無法養育子女及維持家庭功能。

(3)無適切的嗜好及空巢期來臨：子女成年離家後對於配偶關係的改變適應狀況不佳，加上無適切的嗜好，亦易使中年人發生中年危機。

(4)社會化關係的改變：若無法發展出適切的同儕關係，或有可能因上述各種情況導致婚姻關係不穩定，因而中年人對於社會關係的重建則需花費更大的心力，但未必順利發展。

四、面對變遷社會中的議題

(一)照顧年邁父母親

中年人對年邁父母親的協助至少有下列幾方面：

1.提供經濟上的援助：年邁的父母親可能因早期賺錢不易，加上子女眾多以及其他原因（如生病需付醫藥費、社會福利無法補助或補助不足等），以致於無法存足夠的錢養老，故子女應提供經濟上的協助。

2.生活起居的照顧：年邁的父母親可能因體力衰退、生病以及其他原因，逐漸無法自理生活，如出門購物、料理三餐、洗澡、穿衣等，有賴子女照顧生活起居。

3.協助及安排就醫：老人泰半都有疾病，尤其是慢性病，如呼吸系統疾病、心臟血管疾病、消化系統疾病、泌尿系統疾病以及最常見的就是肌肉肩頸痠痛。因此，老人（尤其是八十歲以上的老人）幾乎每個星期都要看病。偏偏現代化的網路掛號、大醫院的動線以及交通對老人都是問題，需要子女的協助。

4.閒談及休閒生活，旅遊安排與協助：老人的體力有限，活動力明顯不足，故在家的時間相對於中年期以前的時間多，老人的

心態喜歡含飴弄孫，兒女媳婦女婿應多抽空陪陪長輩，與之聊聊；至於活動力還可以的老人，兒女可以陪同適合長輩的旅遊活動或協助長輩參加適合的旅遊活動。

(二)中年期的父母角色

1. 與兒女良好溝通，協助孩子進入成人世界：中年父母的兒女，大多數在國中、高中職、專科、大學念書，亦有部分已就業。父母宜常與之談談做人處事之道，協助子女進入成人的世界。

2. 要懂得如何放手讓兒女獨立：在父母的眼中，孩子是永遠長不大的，這樣的觀念其實不盡然正確，兒女與父母畢竟有不同的成長背景，接受不同的教育，面對不同的未來；因此，父母應放手讓子女學習獨立，不宜干涉太多。

3. 多面向接受子女：要能妥協或接受兒女們的朋友、流行服飾、娛樂興趣，以及獨特嗜好。

4. 灌輸孩子適當的價值觀：價值觀會因時代的不同而有不同，會因地區的不同而有不同，父母宜原則性的灌輸兒女適當的價值觀。

5. 謹慎介入兒女的感情世界及婚姻生活：兒女的感情世界及婚姻生活，常因父母過度的干預而分手，甚至於釀成悲劇。因此，父母宜謹慎介入，畢竟是兒女要找對象，而非自己要找對象。

6. 提供符合時代要求的育兒資訊及服務：中年父母在管教兒女時常因代溝而造成衝突，尤其此時兒女正處於青春叛逆期；因

此，未免於有上述的情況發生，中年父母宜提供符合時代要求的育兒資訊及服務。

7.適時的從子女身上學習新的觀念及做事的新方法：大多數的父母都會認為子女不懂事、做起事情笨手笨腳的；但不可否認的，子女接受新式的教育，學習許多做事的新方法是值得父母學習的。例如：中年父母可能為了買一樣東西而花了很多時間去逛百貨公司或夜市，但年輕的子女可能上網搜尋，一下子就買到了。

(三)中年期的婚姻

◆空巢期

空巢期（empty nest）是家庭生命週期中悲喜交集、內心充滿掙扎、衝擊的一段生命歷程，一方面看著子女終於長成，展翅高飛各奔前程而感到欣慰；一方面又面臨子女離去的孤寂和思念。在成人生命週期中，當子女長大成人，各自結婚成家，使原有親子兩代家庭顯得冷清安靜的狀態，被稱之為「空巢期」、「離家期」或「後父母時期」。處於空巢期的中年父母常有所謂的「空巢症候群」（empty nest syndrome），亦即為父母者由於親子感情的一時失落，所形成的孤獨寂寞以及頓覺失去價值的複雜心境，終於造成情緒困擾，甚而喪失平時的生活功能。此種現象，稱為空巢症候群。空巢症候群現象，出現在母親的比率遠較父親為多，原因是母親與子女間，一般存有較深的感情。至於中年父母如何因應空巢症候群現象呢？以下說明之。

1.重整物質上的設備和資源，讓自己能擁有更好的物質生活。
2.與別的家庭（親戚、朋友或同事）保持密切的良性互動。
3.藉由子女的成家立業，經常和子女的家庭保持聯繫。
4.與自己年邁的父母和手足的家庭保持聯絡。

5.保持家庭內夫妻之間良性的溝通，與配偶的關係更密切。

6.參與家庭以外的活動，如社團活動、擔任志工、宗教活動等。

7.有效的財務規劃，確保晚年生活的安全。

◆婚姻品質提升

中年期的婚姻品質有提升的契機，其理由至少有下列三者：

1.家庭經濟改善：此期房屋貸款大都已繳完，子女大都已陸陸續續完成學業，開始賺錢，夫妻雙方的薪資也有所提升，家庭經濟改善，不會有「貧賤夫妻百世哀」的現象。

2.養兒育女的勞務負擔減少：子女大都已長大，各自獨立，處理自己的事務，甚而幫助處理家務，減少夫妻的勞務負擔，降低生活壓力，更有餘力去經營婚姻生活。

3.增加共度時光的機會：子女紛紛離家求學、工作或結婚，夫妻共處的時間增多，可安排旅遊、拜訪親友、從事休閒育樂活動，更能營造幸福美滿的婚姻生活。

◆維繫婚姻的力量

1.內在的力量：培養夫妻間深厚的情感關係是維繫婚姻最基本的力量。

2.外在的力量：

(1)子女：有些不愉快的婚姻，夫妻之一方或雙方想離婚，但想到孩子會沒有爸爸或媽媽，只好作罷，繼續過著同床（或異床）異夢的婚姻生活。

(2)財產：有些不幸福的婚姻，夫妻之一方或雙方想離婚，但因財產無法分配、分配不均、分配談不攏、付不起贍養費等因素而無法離婚。

(3)法律：有些不愉快的婚姻，夫妻之一方想離婚，但因法律問

題無法解決，如無過失之一方堅決不離婚，或明知對方有外遇，但苦無證據，無法向法院提出離婚之訴訟，而持續維持婚姻關係。

(4)輿論：有些不幸福的婚姻，夫妻之一方或雙方想離婚，但因不願面對輿論或害怕面對輿論的批評而作罷。

(5)親友：有些不愉快的婚姻，夫妻之一方或雙方想離婚，但因親友的規勸（如家長反對、親友勸和或要求忍耐）而作罷。

(6)職業：有些不幸福的婚姻，夫妻之一方或雙方想離婚，但因考慮職業的問題（如有些職業的從業人員離婚會影響形象，或因有些家庭主婦害怕離婚以後找不到工作）而作罷。

以上所述維持婚姻的外在因素均屬單一原因，在實務上有更多的多重因素存在，如原本考慮到孩子的因素，再加上父母規勸要忍耐，只好作罷。至於維繫婚姻的力量，內在吸引力強，情感深厚，婚姻關係較為健康；若雙方關係不佳，婚姻關係須靠外在力量維繫，此等婚姻誠屬悲哀。

(四)離婚

當維繫婚姻的內外在因素都已蕩然無存，那麼婚姻終將破裂；若再加上外在的吸引力，如另一個男性或女性的介入，另一個成長的空間（如學業的深造、往大陸發展事業等），都會造成婚姻的破裂。根據內政部統計處（民100a）統計99年全年離婚對數計58,037對，以結婚五至九年者占31.0%最多，未滿五年者占27.7%居次，歷年來均以結婚未滿五年者之離婚率最高。離婚對某些人來說是一種解脫，因為他們可以離開原來不安定、不幸福、不愉快，甚至於被家暴的情境，重新看待自己，激發生命的能量，開展新的人生，相反的，也有人在離婚之後意志消沉，碰到困難退縮不前，生活能力越來越差，導致新的

危機產生。

◆離婚的原因

1. 現代家庭功能的改變：如生育功能、情感功能、保護功能等，使家庭的重要性大減。

2. 伴侶選擇方式的改變：完全以自由戀愛建立家庭，當感情不再，婚姻也可免了。

3. 結婚的目的改變：結婚不再是傳宗接代而已，而是以自己是否幸福快樂爲依歸，當既有的目的無法如願，一方（或雙方）可能考慮離婚收場。

4. 道德制裁力量降低：離婚不再被視爲罪惡，現在離婚已漸被寬容與接受。

5. 再婚的可能性增加：由於社會開放，男女交往頻繁，再婚的可能性增加，更增加了離婚的勇氣。

6. 性的開放：性和貞操的專一已不再被視爲感情的要件，性的開放也增加了離婚率的提升。

7. 同輩團體的壓力降低：只要婚姻不幸福，同輩團體不再勸和不勸離，甚至於主動勸離。

8. 法律的約束放寬：以往法官在判決離婚事件時，常會給當事人較多的時間考慮或再協商，相較於現在的法官對離婚案件的判定越來越寬鬆。

9. 婦女不再忍氣吞聲：婦女受教育的程度提高，就業率增加，經濟自主，思想獨立，若婚姻不如意，寧願選擇離婚，不再忍氣

　　吞聲。

10.無子女或子女數少：現代無子女家庭漸多，即使有子女也是一
　　個或兩個，離婚較無牽掛，自然容易離婚。

11.婚外情增加：由於社會開放，兩性互動頻繁，外遇問題增加，
　　如辦公室戀情、上司與部下戀情、業務往來關係戀情、同學同
　　鄉會產生之戀情等等。

12.其他原因：Watson與McLanahan（2011）卻發現，有夫妻離婚
　　是為了通過低收入戶的資格，以便獲得政府的經濟補助。

◆離婚要考慮的問題

　　離婚是個人生命經驗中重大的困境（McCloud & Dwyer, 2011）。
因此，離婚前要慎重考慮，考慮的方向如下：

1.離婚過後的某一段時間可能會後悔：例如認為當初決定離婚太
　衝動了、太草率了、太任性了。

2.會對另一半及子女產生罪惡感：想起過去美好的戀情，對對方
　也有一些承諾，如今形同陌路，以及沒有善盡父（或母）親之
　責任，難免產生罪惡感。

3.對未來的不確定性：離婚之後，面對未來的感情、家人關係、
　職場人際互動、經濟、生涯規劃等方面，增加了不確定性。

4.是否能適應新生活：Kim與Woo（2011）指出，離婚會造成心
　理健康問題，而經濟造成困難也是重要的影響。Fernandes等
　人（2011）指出，離婚對婦女會產生創傷症候群，影響生活品
　質。Devries等人（2011）研究發現，離婚、分居或喪偶與婦女
　自殺行為有相關。Hsu（2011）指出，喪偶初期有憂鬱症狀，而
　離婚初期會增加貧困與社會支持的危機。面對以上心理、經濟
　問題，當事人是否可以適應，值得深思。

5.孩子的監護權及養育問題：Strous（2011）指出，離婚後夫妻可

能會遇到爭取子女監護權的問題。而日後的養育問題以及離婚對孩子可能造成的傷害也必須納入考慮。

6.財產的分配問題：離婚之時，難免要談及財產的分配問題，有可能談不攏，而造成更大的傷害；即使談得攏，可預見的是雙方的財產都減少了。

7.家人親戚朋友及輿論的壓力：談判離婚之時和之後，常有家中的長輩、平輩、親戚和朋友給予壓力；此外，在自己的生活周遭，也常有一些輿論，當事人必須思考如何去面對。

◆單親家庭

單親家庭係指單一父親或母親與至少一位依賴子女所組成的家庭（彭淑華，民92）。

馮燕（民97a）指出，單親家庭遭遇到的困境包括：

1.弱勢經濟：包括貧窮女性化、貧窮兒少化。
2.兒童照顧與管教問題：包括教養子女時間與精力不足、擔心子女在家不安全、工作與育兒無法兼顧、無力負擔照顧子女托兒或課後安親的費用、子女休閒活動安排、與子女溝通等問題。
3.社會人際關係的調適。
4.情緒與行為表現：包括疏於管教、過度保護。

張鐸嚴（民99）認為單親家庭遭遇的困境為：

1.經濟條件的改變。
2.人際關係的改變。
3.社會支持的改變。
4.子女教養的改變。

(五)婚姻暴力

根據內政部統計處（民100b）資料顯示，95年家庭暴力事件通報案件為70,842件，99年通報件數為112,798件，家庭暴力通報案件五年間增加了41,956件。林慈玲（民97）指出，性騷擾、性侵害及婚姻暴力，是三種對女性人身安全最大威脅的暴力行為。游美貴（民97）指出，當受虐婦女離家或遠離暴力環境時，找到一個安全的住處是最立即的需要，庇護所被視為重要是因為它提供受虐婦女短期住所、個人支持和與其他機構的聯繫與幫助。而婚姻暴力的原因、理論、影響及處遇說明如下：

◆原因

1. 妻子過度依賴且無安全感，對丈夫不信任，或是懷疑丈夫出軌，引起丈夫的不滿。
2. 夫妻無法公平處理衝突事件，引起一方施暴或雙方暴力相向。
3. 夫妻關係陷入低潮與冷戰，或是變得乏味，再遇衝突終於引爆。
4. 一再地重提舊帳，讓衝突循環。
5. 丈夫認為妻子無法瞭解丈夫，或是滿足丈夫的需求。
6. 妻子（或丈夫）企圖尋求更多的自主與權力，時時抱怨丈夫（或太太）獨裁，終於引起暴力行為。
7. 夫妻個性不和，無法溝通。
8. 對婚姻期待過高。

◆婚姻暴力理論

1. 精神分析論：認為婚姻暴力起因於施暴者的童年時代不愉快的成長經驗，導致包括心理、情緒和精神上的疾病，終致發生婚姻暴力行為。

2.生態理論：認為家庭生態的不一致或不協調時，會導致家庭暴力。此一理論強調當夫妻關係不好時，會產生一些負面情緒，造成婚姻生活上的壓力，如再缺乏社會支持時，婚姻暴力極可能發生。

3.父系社會理論：認為家庭中的男人、丈夫擁有較大的權力，是一個男尊女卑的社會，甚至將女人當作是男人的附屬品或財產，丈夫對太太的暴力行為是可以被接受的。

4.社會學習論：認為婚姻暴力的加害者之所以會有暴力行為，是藉由觀察與模仿而來，亦即從小處在一個婚姻暴力家庭，在耳濡目染之下，長大結婚後也出現相同的婚姻暴力行為。

5.社會交換論：認為當一個人的行為所得到的報償比付出的代價來得大時，這個人就會有此行為產生。通常在婚姻暴力下，施暴者所得到的獎賞是情緒的發洩或者是獲得所謂的「尊嚴」，而其所付出的代價就是對方是否會反擊、控告、鬧離婚、離家出走等。當施暴者權衡利弊得失時，若是覺得報償比較重要，便會產生暴力行為；反之，個人會比較理性，不會有暴力行為。

◆婚姻暴力的相關研究

1.沈瓊桃（民95）研究指出，婚姻暴力與兒童虐待有顯著的關係，一年內婚姻暴力與兒童虐待的合併發生率高達65.2%，四成（39.6%）的家庭同時有夫妻與親子之間的肢體暴力；另有超過四分之一的家庭（26.2%）發生嚴重婚姻肢體暴力合併嚴重兒童肢體虐待的情形。

2.Devries等人（2011）研究發現，親密伴侶的暴力行為與婦女自殺行為有相關。

3.童伊迪、沈瓊桃（民94）研究指出，當家庭裡出現婚姻暴力

時，受害者可能不僅止於受虐配偶，對於同住家中的子女而言，亦可能造成嚴重的身心傷害。該研究亦發現子女會學習模仿父母的暴力行為，攻擊手足甚至是父母。在婚姻暴力發生的當下，子女的行為反應包括：害怕、躲避、不知所措、挺身介入、尋求援助及無動於衷。值得注意的是，子女的行為反應會隨著年齡而有所不同。年紀較小的子女會採取躲避的方式，不敢輕舉妄動；等到上了國、高中，就比較敢出面制止、保護母親，甚至向加害者（通常是父親）反擊。

4.姜琴音（民95）從其實務經驗中觀察到，目睹父母婚姻暴力之子女，於生理上、心理上受到相當程度壓抑及傷害。

5.譚子文、董旭英（民98）研究發現：

　(1)目睹父母婚姻暴力和國中生受虐之間具有正相關性，且無性別差異的效應。

　(2)目睹父母不同的婚姻暴力關聯著不同的受虐型態。

　(3)目睹父母暴力行為愈多，則遭受父母嚴重虐待情形愈多。

　(4)父母之間的婚姻暴力可能是造成國中生遭受父母嚴重虐待的主要因素。

6.楊芳梅（民98）指出，目睹父母婚姻暴力對國中生偏差行為具有預測力。

7.彭貴鈴、林麗娟、莊豔妃（民98）從協助家暴婦女至急診室求醫的照護經驗發現，個案主要健康問題有：恐懼、無效性因應能力、無望感。

8.沈瓊桃（民99）指出，目睹或受虐兒童需要即時的處遇之外，曾目睹暨受虐的青年亦是需要關切協助的對象。處遇策略可以多管齊下，以增強青年的自我內在力量、重要他人的支持，以及脫離暴力環境等保護力量為目標。

9.馮燕（民97b）指出，對於婚姻暴力目睹兒童可能隱藏的負面情

形包括安全方面、情緒方面、行為方面、學習與社會方面。

◆婚姻暴力處遇建議

1. 潘雅惠（民96）認為婚暴婦女在自我意識上有所覺醒，在經濟、精神及行動上能夠獨立自主，並且瞭解個人生命價值的增權展能的學習，應是受暴婦女脫離暴力生活最有效的途徑。

2. 陳秀峯（民99）對台灣家庭暴力防治之未來展望建議如下：
   (1)教育、訓練及宣導。
   (2)強化對家暴被害人之保護。
   (3)加強家暴加害人處遇計畫之執行。

3. 楊芳梅（民98）建議政府單位應致力於家暴通報機制的透明化和確實化、落實諮商資源的整合便於受暴家庭求助、加強婚前教育的宣導；學校單位應加強教師對婚姻暴力的辨認和輔導知識、落實對學生宣導家庭暴力的相關知識、引進心理師和社工師進駐校園協助輔導工作；家長先準備好為人父母再生養孩子，重視孩子的精神需求，不要忽視言語暴力，適當處理夫妻婚姻關係減少對孩子的影響。

(六)中年失業

經濟結構改變，產業外移造成失業，失業對於家庭中主要經濟負擔者而言是相當大的影響。洪瑞斌（民98）指出，中年失業可能讓人落入失去置身位置的「深淵」。中年失業是自我價值消失，可能造成不確定感、失落、無助、茫然、沒面子，甚而不甘心，不肯接受事實或是自怨自艾，開始憂心家中生計；有些人封閉自己，或得了憂鬱症，或想不開，甚至不想面對被裁員的殘酷事實而自殘等，造成了社會問題。失業對一個人來說，是一件重大的壓力事件，對中年男性而言，更意味著失去了在職場的位置，那將是人生過程中很大的危機。

◆失業原因

1.大環境的經濟不景氣，造成公司、工廠裁員。

2.產業外移，公司、工廠移往大陸或國外，造成裁員。

3.健康因素，無法繼續工作。

4.原有專長、技術被新方法取代，本身又無法學習新技術。

5.工作年資日久或工作內容乏味，產生職業倦怠。

◆中年失業對個人造成的影響

1.轉業困難：中年人已熟悉以往的工作，人格定型，學習能力下降，轉業困難。

2.職場排斥：目前職場求才雖不得有年齡的限制，但中年人應徵工作時，求才單位常以其他理由拒絕，故中年人難以發展事業的第二春。

3.經濟來源受阻：不管先前有無積蓄，失業後少了一份重要且固定的收入，對日後的經濟生活必有影響。McCloud與Dwyer（2011）指出，個人失去了工作和收入中斷，使人掉進經濟上的破產。

4.打亂原有生活秩序：中年人在職場工作已一、二十年，原有生活模式已定型，失業後會打亂原有生活秩序。

5.喪失自尊：失去原有職業地位、收入、在家中的尊嚴，讓自己在家人、朋友、親戚和舊有同事面前，顏面盡失。

6.可能喪失全民健保資格：林季平（民97）研究指出，失業者的未納保率遠高於就業者。

7.自殺：中年失業之後，在窮途末路又無助之情況下，可能選擇自殺。施以諾、楊麗玲、龔尚智、林宛儀（民96）研究指出，台灣國民失業率影響國民自殺率的情況在統計上呈顯著關係。

8.導致犯罪：中年失業之後，收入急遽減少，又有必要的支出，

甚至還要養活妻小，最可能導致經濟犯罪。林明仁、劉仲偉（民95）研究指出，失業率對財產犯罪類型有顯著影響。

◆中年失業的因應

郭登聰（民100）指出，面對中高齡的失業者要有效解決其問題，確實是一個需要超越經濟跟勞動面向思考，而用社會福利及社會工作的角度來解決，畢竟中高齡失業者所面臨的不只是個人的失業問題，而是整個家庭的問題。

1.重新評估自己的職業狀況：包括人格特質、職業性向、職業興趣等，作為發展事業第二春的準備。
2.檢討失業的原因：除了外在環境的因素外，著重對自己內在因素的探討，諸如：是否能力不足？是否人際關係不佳？是否常遲到早退或請假等。
3.重新做就業準備：包括職業訓練、調整職場正確觀念、增進社會技巧等。
4.建立社會支持網絡：從失業後的心理創傷，一直到職業重建，都需要一些親友的幫忙，故宜盡速建立社會支持網絡，協助自己度過失業的難關。

參考資料

內政部（民98）。《老人福利法》。

內政部統計處（民100a）。一○○年第二十八週內政統計通報（99年離婚者按結婚年數統計（按發生日期）。網址：http://sowf.moi.gov.tw/stat/，檢索日期100/09/03。

內政部統計處（民100b）。內政統計年報。家庭暴力事件通報案件統計。網址：http://sowf.moi.gov.tw/stat/year/list.htm，檢索日期100/09/03。

沈瓊桃（民95）。〈婚暴併兒虐發生率之初探——以南投縣為例〉。《中華心理衛生期刊》，第19卷，第4期，頁331-363。

沈瓊桃（民99）。〈暴力的童年、堅韌的青年：目睹婚暴暨受虐青年復原力之探討〉。《中華輔導與諮商學報》，第27期，頁115-160。

林季平（民97）。〈影響加入台灣全民健保的社會經濟不均等要素〉。《社會政策與社會工作學刊》，第12卷，第2期，頁91-122。

林明仁、劉仲偉（民95）。〈失業真的會導致犯罪嗎？以台灣1978年至2003年縣市資料為例〉。《經濟論文叢刊》，第34卷，第4期，頁445-482。

林美玲（民95）。〈空巢期之探討〉。《網路社會學通訊期刊》，第55期，頁1-15。網址：http://www.nhu.edu.tw/~society/e-j/55/55-42.htm。

林美珍、黃世錚、柯華葳（民96）。《人類發展》。台北市：心理出版社。

林慈玲（民97）。〈性別與人身安全〉。《研考雙月刊》，第32卷，第4期，頁93-103。

姜琴音（民95）。〈目睹父母婚姻暴力之成年子女心理經驗初探〉。《應用心理研究》，第32期，頁165-181。

施以諾、楊麗玲、龔尚智、林宛儀（民96）。〈國民自殺率與國家失業率之互動與衝擊持續性——以1995至2004年台澎金馬地區為樣本〉。《台灣職能治療研究與實務雜誌》，第3卷，第1期，頁41-49。

洪瑞斌（民98）。〈生命斷裂與超越：男性失業者之存在處境詮釋〉。
　　《應用心理研究》，第43期，頁99-148。

陳秀峯（民99）。〈台灣家庭暴力防治之現狀與未來──從被害人保護及
　　加害人處遇角度觀察〉。《亞洲家庭暴力與性侵害期刊》，第6卷，第
　　1期，頁187-210。

張鐸嚴（民99）。〈單親家庭之親職教育〉。載於張鐸嚴、何慧敏、陳富
　　美、連心瑜主編之《親職教育》，頁83-112。

潘雅惠（民96）。〈婚暴婦女增權展能的學習──從女性主義教育學的觀
　　點談起〉。《亞洲家庭暴力與性侵害期刊》，第3卷，第2期，頁71-
　　96。

曹麗英、蘇美禎、安奇（民93）。〈中年期之健康照護：多重衝擊的人生
　　過渡期〉。《護理雜誌》，第51卷，第1期，頁9-13。

郭登聰（民100）。〈面對金融海嘯衝擊，論企業與非營利組織在中高齡失
　　業者問題因應之道〉。《輔仁社會研究》，第1期，頁105 -134。

馮燕（民97a）。〈家庭功能重建服務〉。載於馮燕、張紉、賴月蜜主編之
　　《兒童及少年福利》，頁251-273。新北市：國立空中大學。

馮燕（民97b）。〈家庭暴力〉。載於馮燕、張紉、賴月蜜主編之《兒童及
　　少年福利》，頁197-222。新北市：國立空中大學。

游美貴（民97）。〈台灣地區受虐婦女庇護服務轉型之研究〉。《台大社
　　會工作學刊》，第18期，頁143-190。

童伊迪、沈瓊桃（民94）。〈婚姻暴力目睹兒童之因應探討〉。《台大社
　　會工作學刊》，第11期，頁129-165。

彭淑華（民92）。〈建構單親家庭支持系統之研究〉。內政部。

彭貴鈴、林麗娟、莊豔妃（民98）。〈協助一位家暴個案的急診照護經
　　驗〉。《志為護理──慈濟護理雜誌》，第8卷，第5期，頁120-128。

楊芳梅（民98）。〈國中生目睹婚姻暴力與偏差行為關聯性之研究──以
　　嘉義市公立國民中學為例〉。《青少年犯罪防治研究期刊》，第1卷，
　　第2期，頁31-58。

羅旭宜（民93）。〈台灣中區更年期婦女情緒困擾、自我效能及人格特質
　　之研究〉。國立中山醫學大學護理學系碩士論文。

譚子文、董旭英（民98）。〈目睹婚姻暴力和台灣都會區國中生受虐程度關聯性之研究〉。《青少年犯罪防治研究期刊》，第1卷，第2期，頁101 -137。

Devries, K., Watts, C., Yoshihama, M., Kiss, L., Schraiber, L. B., Deyessa, N., Heise, L., Durand, J., Mbwambo, J., Jansen, H., Berhane, Y., Ellsberg, M., & Garcia-Moreno, C., (2011). Violence against women is strongly associated with suicide attempts: Evidence from the WHO multi-country study on women's health and domestic violence against women. *Social Science & Medicine,73*(1), 79-86.

Fernandes, J. M. C., Mochel, E. G., Lima, J. A. C., Silva, G. F., Silva, N. F., & Ramos, J. M. C. R., (2011). Traumatic and Non-traumatic Fibromyalgia Syndrome: Impact Assessment on the Life Quality of Women. *Journal of Musculoskeletal Pain, 19*(3), 128-133.

Havighurst, R. J. (1972). *Developmental Tasks and Education* (2nd ed.). New York: Longmans, Green.

Hsu, H. C. (2011). Impact of Morbidity and Life Events on Successful Aging. *Asia-Pacific Journal of Public Health, 23*(4), 458-469.

Kim, J., & Woo, H. (2011). The complex relationship between parental divorce and the sense of control. *Journal of Family Issues, 32*(8), 1050-1072.

McCloud, L., & Dwyer, R. E., (2011). The fragile American: hardship and financial troubles in the 21st century. *Sociological Quarterly, 52*(1), 13-35.

Strous, M. (2011). Overnights and overkill: post-divorce contact for infants and toddlers. *South African Journal of Psychology, 41*(2), 196-206.

Watson, T., & McLanahan, S. (2011). Marriage meets the joneses relative income, identity, and marital status. *Journal of Human Resources, 46*(3), 482-517.

Chapter 7

老年期

一、年齡界定

　　人的年齡可分成好幾種，例如心理學會以一個人的「心理年齡」（mental age）來認定智力的高下，凡是心理年齡高於實際年齡者，智商高於100，心理年齡低於實際年齡者，智商低於100；在一般人的互動中，也常提及「你看起來好年輕喔！」，或者說「他看起來好蒼老喔！」，這或許可以說是「外表年齡」。一個人活了六、七十年，不管是心智年齡或外表年齡，都會有較大的異質性，例如有人五、六十歲即齒危髮禿，但有人六、七十歲還耳聰目明；因此，要對「老年期」做一個年齡界定，實有困難，然為了本章探討的方便，就根據內政部社會司（民98）《老人福利法》第二條所稱老人，係指年滿六十五歲以上之人。目前國際上以六十五歲做為高齡標準，當一個國家或地區的高齡者占人口的百分之十四，就會被歸為高齡社會；達到百分之二十，就會被歸為超高齡社會。有些地方／國家把老人稱為「資深國民」，這是代表生活在人類社會上的「資歷」，也代表可以被尊敬的人，所以中國古代也說「敬老尊賢」，這是人類社會至高無上的價值，也是動物社會所沒有的現象。從人類的壽命來說，六十年前台灣人口平均壽命根本就不到六十歲，可是現在六十五歲的人，只能算是「年輕的老人」。就生涯規劃的觀點，以公教人員為例，

六十五歲是一個面臨「強迫退休」的年齡；以社會福利的觀點而言，六十五歲以上的人，開始享受大部分有形無形的社會福利服務，如坐公車、客運、捷運、火車、高鐵、飛機半價優待，對於

提供博愛座的車廂，老人也可大大方方的「上坐」；其他方面，如參觀風景區或展覽館的票價、報稅、健保費、醫療等，也提供了或多或少的優待。新近在公共建築方面也考慮到「通用設計」，除了注意身心障礙的人「行」的方便外，也開始把觸角伸到老人的身上來，讓老人也擁有行的便利性。

二、赫威斯特的發展任務論（Havighurst, 1972）

(一)能適應逐漸衰弱的身體

首先要瞭解老化的過程必然會帶來身體的衰弱，所以日常生活的運作要能考慮自己的身體狀況。

(二)適應退休與收入減少的事實

一個在職場有權勢的人，從職場退休之後，「權勢」必然逐漸喪失，人際社交圈會逐漸狹窄，退休者應認清這是必然的現象，不要怨天尤人。此外，每月固定進帳的薪水也沒了，在支出方面可能也要有所調整，以免屆時陷入缺錢的窘境。

(三)與朋友、家人、社區保持關係

老人離開職場後，生活勢必顯得孤單，此時常與朋友聯絡、與家人保持互動、多參與社區活動更顯得重要。

(四)安排令自己滿意的生活型態

考量自己的身體狀況、家庭型態、經濟水準，安排自己合適的生活。

(五)重新評估個人價值觀與個人生命的意義

個人的價值觀、對生命的看法從小到大逐漸形成，此後亦會隨著個人的成長、社會的變遷而產生緩慢的變化，到了老年期更應該重新作一評估，適度修改，以符合社會現狀，將更能適應老年期的生活。

(六)接受死亡的來臨，並視爲生命是持續而永不終止的

生爲人最終都難免一死，既然無法避免，只能接受，將可減緩對死亡的恐懼感。此外，更要有「子子孫孫」就是自己生命延續的概念；即使無子女的人，也視周遭不斷有新生命的誕生，人類社會因而生生不息。

三、人為何會變老──老化理論

(一)既定理論（**programmed theory**）

由於每一種動物都有其獨特的老化型態和預期壽命，所以老化現象必然多少爲既定於每個有機體內的機制。當人類的精子與卵子結合，成爲新生命的開始，就已注定這一個新生命的生命是有極限的，老化現象是自然產生的，老化是無從避免的。

(二)磨損理論（**wear-and-tear theory**）

認為身體老化是因為生活勞苦體能過度損耗及心理壓力所致，例如超時工作、生活壓力、精神折磨，若生活調理適當，避免過度勞累，隨時保持精神愉悅，將可延緩老化的出現。

四、身體機能

(一)感覺的機能

1.視覺：視力減退，對深度、顏色的知覺、亮度突然變得適應有問題；在眼睛的水晶體上出現一片霧狀或不透明區，造成所謂的白內障，妨礙光線進入，影響視力。解決辦法乃在：配戴矯正鏡片、去除白內障手術、布置無障礙生活環境（如在老人行經的路上、工作場所和閱讀場所加裝合適的照明設備及無障礙設施等）。

2.聽覺：聽力減退，尤其是對高頻率的聲音；許多老年人不易聽清楚他人所說的話，尤其是有其他噪音時。解決辦法乃在：配戴助聽器、與老人說話時不要說太快、讓老人讀唇、多一點手勢作為輔助。

3.味覺：由於舌頭的味蕾減少，常覺食之無味，導致吃得少，以致造成營養不良。解決辦法乃在：依老人個人的口味調製盡可能清淡的食物，並且在食物上多變化，藉以刺激食慾。

4.嗅覺：由於腦部主司嗅覺的器官萎縮之故，嗅覺的敏感度減弱，嗅覺與味覺有密切關係，如此也減少對食物之誘因。由於老人嗅覺較差，行動不方便，衣服、身體有異味常不自知，故

老人應盡可能做到每天洗澡、換衣服的習慣。

5.前庭覺：主司吾人姿勢與平衡的前庭覺在老年期也逐漸喪失功
效，再加上眼花，以至於老人常會跌倒，造成骨折。所以老人
常需枴杖或助行器輔助行走。在老人的生活圈中，照明設備尤
應充足，以免摔倒。

(二)外形和生理變化

1.皮膚：皮膚變得較黯淡、多斑點、乾皺失彈性、多皺褶、鬆
垂、浮腫的靜脈較前為多。

2.頭髮：變細、變白、變少。

3.身高：由於脊椎間的軟骨萎縮之故，再因為地心引力的關係，
身高會比年輕時略矮。

4.骨骼：骨骼鈣質逐漸流失，造成骨骼裡有空洞，變薄或變小，
重量減輕，成海綿狀，質地鬆脆，所以稱為骨骼疏鬆症。
Koester、Barth與Ritchie（2011）發現老人骨頭的礦物質密度不
佳，容易生骨折。

5.心臟：心跳逐漸減緩、不規則。

6.血壓：老人血管內有沉澱物，附在血管內壁，致血流不順暢，
血壓升高。

7.呼吸量（肺活量）不足：老人肺功能逐漸降低，吸氣短促，呼
氣又不能排盡廢棄，呼吸系統疾病增加（如咳嗽）。

8.消化系統：由於掉牙或戴假牙，影響咀嚼功能，唾液減少，胃
液不足，以致影響消化功能。

9.牙齒：由於牙齒的老化、結構不良、飲食營養不當及衛生習
慣不佳，導致牙齒逐漸脫落，必須戴假牙。戴假牙後會影響
食物的攝取、食慾、營養，造成健康的惡性循環。Evren、
Uludamar、Iseri與Ozkan（2011）指出，老人口腔衛生維護是需

要重視的問題。

10.性能力：隨著性機能的老化，性能力退化，或已不具性能力。

(三)心理動作機能

1.行動遲緩：老年人力氣逐漸不
足、耐力逐漸不足、負重能力
逐漸不足、反應不夠快，導致
行動遲緩。

2.訊息處理速度漸慢：無論是衡
量環境、考慮可能因素、做成
決定並採取正確或適當行動，
老年人都需花較多的時間。以
過馬路及開車為例，老年人肇
事率較年輕人為高。改善之道
為：社會給予老人的訊息可

以更緩慢、單純、重複的方式出現，讓老年人可以確實的接收
到訊息，以及給予較長的反應時間。以坐公車為例，公車司機
（或乘客）面對老人慢吞吞的上下車應給予包容或協助。

五、心理特徵

(一)智力功能

1.總體而言，人類的心智會隨著年齡的增長而衰退，尤其在問題
解決能力、記憶最近發生的事、用符號認知等能力。但在語言
能力、理解力、記憶年輕時所發生的事等能力還不至於退化太

多。

2. 要讓老人智力不至於退化太多，必須維持健康的身體、適度的運動，尤其是維持心智的活動，諸如：看書報雜誌、關心國事家事、綜理個人雜務等。值得一提的是「老人益智玩具」的研發，實有其必要性；在一個只重視兒童玩具的社會裡，老人玩具大大的被忽略了，事實上玩具業者正受少子化的影響，業績逐漸下滑，但危機就是轉機，此後老年人口將不斷攀升，對老人玩具的開發，無疑的提供另一個生機，老人需要預防失智的益智性玩具，需要能促進手眼協調、身體動作與平衡的玩具，需要消除寂寞無聊的玩具，需要增進社會活動的玩具，需要紓緩情緒及發洩情緒的玩具等。

(二)情緒

1. 悲傷與失落：老人面臨自己身體的衰弱，老伴、年長親友一個個的離去，難免悲傷；家人晚輩上班的上班，上學的上學，街上車水馬龍，社會上政商熱絡……但好像已不是自己的世界了，內心難免失落。

2. 死亡與臨終關懷：絕大多數的人都恐懼死亡，但死亡是人類不能避免的人生終站，既然如此，吾人就應該營造一個較少恐懼，較多尊嚴的老人生活環境，尤其最後的臨終關懷，安寧照護。

(三)心理危險因素

◆失智症

與老化相關聯的最嚴重情形是失智（dementia），其症狀是行為與認知功能的嚴重受損，可能造成記憶能力、學習能力、注意力與判

斷能力逐漸減退，對時間與地方感到混亂，溝通與找出正確字有困難，個人衛生與自理能力下降，不適當的社會行爲與人格改變（洪貴眞，民95；林美珍、黃世琤、柯華葳，民96）。近年來因老化人口的增加，致使失智症這種特殊好發於老年人的疾病，隨著年齡之上升其發生率亦有上升之趨勢（張俊喜、林靜宜、許佩蓉，民96）。在失智症的分類上，大致分爲兩類：即退化性和血管性，但患者有時會存在兩種或以上的病因，最常見的則是阿茲海默症與血管性失智症並存（又稱爲混合型），失智症是一個進行性退化的疾病，從輕度時期的輕微症狀，逐漸進入中度、重度、末期症狀，疾病退化的時間不一定，有個別差異（台灣失智症協會，民100）。失智症因爲本身疾病的特殊性加上易伴隨許多引起個人日常生活失能的狀況，常成爲高齡化社會裡老年人所面臨主要的生理、心理與社會困擾問題。心智正常發展的老人，在意識清醒狀態下，有明顯症候足以認定其記憶、思考、定向、理解、計算、學習、語言和判斷等多種高級腦功能障礙，致日常生活能力減退或消失，工作能力遲鈍，社交技巧瓦解，言語溝通能力逐漸喪失。張佳琪、林佳靜（民98）指出，失智老人隨著人口老化而逐年增加，脫水與營養不良是造成失智老人死亡的兩大主因。

1. 成因：洪良一（民99）指出，老人失智症原因最常見的是退化性的失智症，例如阿茲海默症，約占所有老人失智症的一半左右；其次是血管性失智症，這類的病患多半有腦中風的病史，特別是多次腦中風患者因逐次的腦中風造成腦部機能逐漸喪失，或是因血管硬化造成腦部血流循環下降，腦細胞因爲缺乏氧氣及養份而失去正常功能，其他的原因還包括酒精性腦病變，因長期酗酒而致使維生素B1缺乏而失智，腦腫瘤也是老人失智症的原因，不管是原發性腦腫瘤或是由其他器官腫瘤轉移致腦部都會造成，有些是不明原因的水腦症，如常壓性水腦症

也會出現晚期失智的症狀。

2.福利服務需求：黃志成、王麗美、王淑楨（民100）蒐集各種研究報告和文獻資料，將失智症者（含家屬）的福利需求歸納如下：

(1)在就醫方面：提供完善的醫療復健設施，醫師定期檢查，及早發現，提供醫療協助，改善醫療品質，各大醫院的老人科、神經科及精神科成立失智症的團隊工作小組，加強社區護理的服務層面，衛生機構強化社區家庭照顧老年人等。

(2)在就養方面：在宅服務、協助生活自理、提供家庭支持性服務、提供喘息照顧、政府辦療養院並允許家屬同住、福利機構強化社區家庭照顧老年人、對失智症患者多付出關心等。並適時處理有關長期授權書、財產、家庭信託等重要問題。此外，Marquardt（2011）指出，為失智症老人創造一個支援性好的環境，除了必須考慮到建築設計方面外，更要制訂符合老年失智症患者能辨識的標識導向系統設計。如此將讓失智症者的生活品質更佳。

(3)在經濟安全方面：居家生活補助、醫療補助、身心障礙者免稅優待、收容安置補助、減輕醫療收費等。

(4)在心理、教育與社會支持方面：提供病人及家屬心理諮商與輔導、舉辦教育支持方案、成立支持團體、設立社區老人長青俱樂部、慈善團體及教會的老人再教育活動、提供照顧病人的技巧與方法、提供家屬各項社會資源、對失智症患者有正確的瞭解等。

◆憂鬱症

憂鬱是老人常見的心理問題，而隨著老年人口逐年增加，老人憂鬱的比率將會持續上升，老年憂鬱症已成為老年精神醫學及公共衛生

領域重要的課題。Trentini等人（2011）發現，健康狀況與身體、心理、獨立的程度、與社會的關係和老人的憂鬱程度有相關聯。老年憂鬱症有幾項特性，例如出現多種認知障礙，因此也被看作是失智症的前身，未來有可能引發失智症；此外，會抱怨身體疼痛，有些老年憂鬱症可能因身體疾病久治不癒，心情沮喪所引發，如果家人親友未加以關懷照料，在情緒不佳時更可能引發自殺輕生的念頭（王國強，民97）。憂鬱也會影響睡眠品質（盧素真、陳世宜、黃淑珍、蘇玲華，民99）。當老人心理狀態處於「憂鬱」的情況下，會直接影響其日常活動、生理健康、人際互動，甚至經濟狀況。

1. 原因：引發憂鬱症的因子相當多且複雜，包括遺傳、生物性因素、心理因素、社會因素（如社會支持、家庭結構、社經地位等）。林藍萍（民96）指出，老人社會角色的改變，容易發生情緒上的適應不良，進而減少了和社會互動的機會，更加地容易引起退縮與憂鬱。一般認為大多數的憂鬱症都是屬於多重原因的，是同時由各種原因共同造成，例如基因遺傳的影響、腦部組織的狀態、神經細胞的傳導、心理的狀況、社會的壓力等等各種因素，彼此互相影響，都在憂鬱症當中扮演一定的角色（莊凱迪、蔡佳芬，民97）。林正祥、陳佩含、林惠生（民99）指出，與老人憂鬱有關的因子說明如下：

   (1) 背景特徵包括：年齡、性別、教育程度及族群。

   (2) 家庭狀況包括：有無配偶及有無與子女同住。

   (3) 社會狀況包括：有無工作及經濟狀況；健康狀況包括：健康自評、失能狀況及體能狀況。

2. 因應策略：何怡璇（民99）指出，音樂治療對於老年的憂鬱情形，不僅對高齡者較不容易產生治療上的壓力，也是一項具有成本效益的療法。朱秀琴、周植強（民97）指出，面對老年喪

偶憂鬱患者時，謹慎評估失落經驗及悲傷反應，適時介入悲傷輔導，可幫助喪偶老人度過悲傷任務，走出憂鬱的陰霾。

◆自殺

　　自殺是二十一世紀公共衛生重要的議題，台灣面臨人口老化及因老化產生的生理及心理發展的現象，我國老人自殺死亡率為各年齡之冠：隨著年齡增加，老人自殺死亡率也有逐年上升的趨勢（林雅蘋，民99）。黃正平、歐陽文貞、郭依雯（民100）也有類似的研究結果，歷年自殺死亡率隨年齡增加而增高，2009年，六十五歲以上之老年人平均每十萬人口自殺死亡率為35.66%，為各年齡層之首。伴隨高齡社會來臨，老人由於生理健康問題、心理健康問題、經濟與家庭問題等因素，自殺率逐年上升，可見老人自殺的問題日趨嚴重，對於老人生理、心理健康的維護，家庭與社會支持系統的介入，已成為刻不容緩的議題。

1. 自殺原因：長者自殺是多面向的問題，當長輩面臨生理性疾病，或是親密家人互動衝突等重大生活壓力事件時，較容易有情緒上的困擾產生，且若持續累積而未予解決時，將有可能走上自我傷害或是結束生命（台北市政府衛生局保健網，民100）。衛生署100年7月4日舉辦自殺防治成果發表會指出，99年自殺通報（未遂者）女多於男，其中以情感、精神健康、工作經濟為自殺主因，而以服安眠藥、割腕為較常見方式，99年自殺死亡者，男性約為女性的二倍，以上吊、燒炭、服農藥等激烈方式自殺為最多，值得關切的是，年齡以六十五歲以上年長者居多（邱俐穎，民100）。國際生命線台灣總會秘書處（民100）指出，六十歲以上的求助個案問題常與身體健康、喪偶、家庭關係疏離或緊張等多重因素相關。莊凱迪、蔡佳芬（民97）也指出，老年人是自殺的高危險群，而老年憂鬱症跟自殺

有密切的關係。

2.自殺類型：自殺方式分爲固體或液體物質自殺、家用瓦斯自殺、其他氣體及蒸氣自殺、吊死、勒死及窒息之自殺、溺水（淹死）自殺、鎗砲及爆炸物自殺、切穿工具自殺、高處跳下自殺、其他及未明示之方式自殺（張瑋庭、朱基銘、白璐、賴建丞、劉淳羽、林佳欣、洪宇箴、簡戊鑑，民98）

3.自殺防治策略：防治老年人自殺上，需增加老年人的生活適應和避免失能，減少其情緒障礙，建立有利老年人生活的社區、居住安排或居家關懷網絡，厚植社會資本，配合適當的醫療照顧，強化社會、家庭的支持系統及服務輸送，促進老人心理健康（劉慧俐，民98）。李明濱、戴傳文、廖士程、江弘基（民95）認爲應整合現有體系，網網相連防治網絡，建立機構及體系內老人自殺防治標準模式，提供自殺個案及高風險群標準服務流程，並加強老人自殺個案通報率，舉辦特殊老人族群自殺問題的因應行動會議，並發展自殺高風險及行爲的評估工具等，增進照護者與守門人的動機與專業知能，最終能營造有利的防治氛圍、促進老人心理健康。鍾明勳、林佳吟、龔姵瑜、賴怡玲（民100）依據公共衛生概念及國家自殺防治政策，南區精神醫療網確立了三大工作重點：

(1)一級預防部分，與各縣市衛生局合作，持續對教師、鄰里長、相關團體及醫療機構人員進行自殺防治守門人的訓練，透過自殺防治守門人使自殺防治的概念得以廣泛傳遞到社會的各階層。

(2)二級預防部分，透過自殺防治守門人的協助與自殺危險因子的追蹤，對於有高自殺風險的個案可以在有自殺風險的早期便發現，及早篩檢出高危險群，透過進一步的評估，再結合關懷志工的同理與陪伴及個案管理制度後續之追蹤治療，可

以降低自殺風險個案走往自殺的風險。

(3)三級預防部分，針對有自殺企圖的個案配合安心專線及各通
報單位，結合精神醫療單位，進行危機處理，將企圖自殺者
的傷害降到最低，此外召開協調會，進行資源整合，使安心
專線等通報單位與各縣市心理衛生中心及醫療院所間有良好
的合作模式。

吳秀琴（民100）認為，再多的防治策略，最重要的還是應回歸根
本，即建構一個正向、溫暖的家庭支持環境及縝密的社會福利制度，
能重視家中老人家的需求及關注其心理狀態，即使是面對獨居的老人
家，周遭的親友亦能抽出時間陪伴、傾聽他（她）的聲音，能打從心
底肯定老人家歲月累積所帶來寶貴生命經驗，且讓其有參與感及感受
存在價值，讓我們一起珍惜家中老寶貝，讓他們活得老更要活得心理
健康。衛生署醫事處建議，防範老人自殺，應多關懷家中老人，尤其
要注意老人憂鬱情緒，應多加陪伴及電話問候，最好能每週打一通電
話問候，每月做一次探訪聚餐（引自關嘉慶，民100）。台北市政府衛
生局保健網（民100）建議，應多關心家中長輩，尤其老人比較不會去
表達內在困擾與低落的情緒，因此可以透過下面的方式來協助身邊的
長輩：(1)注意生活起居作息；(2)表達在乎和關心；(3)尋求專業評估。

(四)老人虐待

劉碧素、黃惠璣（民98）指出，少子化與婦女就業人口上升，就
業者工作壓力增加，親子互動關係不良，以及孝道觀念減弱，當子女
孝道的表現與老人的期望產生落差時，可能引發老人的不安或害怕被
家人遺棄之感受，甚至導致老人被家庭照顧者虐待。老人虐待是指對
老人的健康或福祉造成傷害、威脅或忽視其需要，受虐的方式包括身
體或精神的傷害、性侵害或停止維持生活所需之食物和醫療照顧（廖

婉君、蔡明岳，民95）。

◆類型

邱淑蘋（民96）將老人受虐被害的類型分爲：

1.集體式虐待。

2.機構式虐待：

  (1)健康照顧機構的犯罪。

  (2)機構遺棄病人。

  (3)安養中心的詐騙。

3.個體式虐待：

  (1)身體受虐。

  (2)心理或情緒的虐待。

  (3)物質上的虐待。

  (4)性虐待。

  (5)疏忽性被害。

  (6)自我忽視。

  (7)責任性虐待。

  (8)遺棄。

◆因應策略

黃志忠（民99）指出，老人受虐問題的嚴重程度，希望不僅加強老人保護相關機構之服務規劃並切合服務需求，更能喚起老人服務領域專家與社會各界對於台灣老人虐待問題的重視與認知。個體式受虐被害是當前台灣社工界極其流行之個案管理方法，極適合於處理老人保護案例；而以案主立場爲主導，輔以跨領域團隊方式，應更能將保護案例處理得當，跨領域團隊成員具備不同專長、來自不同學科，彼此間應先確分職守、相互信賴，才可發揮系統性功能，跨領域團隊組

成人員與職責列述如下（蔡啓源，民94）：

1. 診治醫師：提供適當之醫療照護服務，決定病患之醫療需求，具備診斷／治療之權力，及評斷病患之健康功能等。
2. 精神醫師：提供精神／心理診治服務，運用虐待評量表及決定照護計畫內容等。
3. 臨床心理師：設計／提供行為矯正治療、實施心理測驗等。
4. 護理人員：評估／提供案例之醫療需求，提供照護諮詢服務，評估案家所需之照護需求，以及規劃案例之照護計畫等。
5. 社工人員：提供社工專業之個案協助，運用相關社會資源，扮演諮詢／聯繫／協調等角色及家庭訪視等。
6. 法治相關人員：提供法令規定協助，協助蒐集受虐證據，釐清法令介入立場，及建議跨領域團隊應採取之合法性協助行動等。

(五)老人歧視

所謂老人歧視，根據蔡麗紅、鄭幸宜、湯士滄、黃月芳（民99）指出，因老人年長，就給予偏見及輕視，這些歧視會受個人知識、經驗的影響，表現方式有保護性語言、假正向態度、藉幽默之名公開嘲弄、先入為主的觀念，甚至老人虐待，老人自覺受到的歧視多為他人的態度不佳，缺乏同理心、被忽略、隔離、不耐煩，他人歧視的態度也會降低老人身心功能的表現，建議可藉一般及特殊教育、改善老人形象，以及增進群眾與老人的交互，增加對老人的瞭解，改善刻板印象，減低老人歧視。沙依仁（民94）指出，社會對老人的歧視，確實造成老人問題及對高齡者的傷害，必須予以解除，而健康老人有再就業或創業的能力，社會必須提供中年及老年人教育及訓練項目，以便延緩老化，即使高齡者體能已衰退，政府提應供所需要的服務項目，

促使高齡者能全部或部分獨立生活。卓春英（民98）也認為，台灣社會上許多人都很怕老，同時也對老年存有相當負面的看法、偏見和刻板印象，認為「老」意味著衰弱、退化和失落，「老年人」成了落伍、沒用的同義詞。

　　要避免老人歧視，就要提倡老人人權，但根據歷年的調查顯示，台灣的老人人權在各項指標上的表現都低於三分，顯示老人人權在推動與實踐上的低落，更令人擔心的是這項調查並未引發社會大眾的關注，進而採取任何行動，包括老人團體或組織，老人人權一直在社會福利溫暖紗幕的掩飾下隱然消失，人權是人類存有普遍應享的權利，包括公民、政治、經濟、社會、教育和文化，依世界的趨勢，「老人人權」至少應包括下列不可分割、相互依存、彼此關聯的權利（邱天助，民97）：

1. 老人有權要求獲得足夠的生活所需，包括食、衣、住、行、育、樂。
2. 老人有權要求充分的社會安全、支持、保護和照顧。
3. 老人有權要求免於任何的年齡歧視，包括工作、休閒、消費、婚姻、語言、健康照顧和社會服務。
4. 老人有權要求充分、有效的醫療照顧，以維持最高可能性的健康標準。
5. 老人有權要求尊嚴的對待，尤其對老人生活型態、生命風格的尊重。
6. 老人有權要求免於被汙名化的恥辱，例如在人口統計學上將六十五歲以上的人全列為依賴人口。
7. 老人有權要求再教育或再訓練的機會，增進自身的能力，甚至達成最高潛能的開發。
8. 老人有權要求免於被忽視和任何形式的身體或精神上的虐待。

9.老人有權要求主動的、充分的社會參與，包括政治、經濟、社
　會和文化生活。

10.老人有權要求充分的、有效的參與有關老人福祉的決策。

(六)人格發展

1.趨向內向：老年期體能漸衰、工作退休、社會地位減退，所以
　老人的人格比年輕時內向。

2.較年輕時固執、獨斷、刻板、不太能適應環境的轉變。

3.常為本身身體功能減退、情緒困擾，不得不服從或配合別人。

4.年齡愈老做事愈謹慎，態度愈保守。

5.艾力克森（Erikson, 1982）的心理社會學說，老年期的兩個極
　端：

　(1)統整：從年輕到老發展順利的人，統整一生覺得此生沒有虛
　　　度。

　(2)絕望：回顧一生，覺得一事無成，發展不順，感到絕望。

六、社會發展

(一)社會發展理論

◆社會撤退論（social disengagement theory）

　　Cummings和Henry（1961）提出社會撤退論，認為老年人在生理
方面由於年老體衰，在心理方面由於無心再注意這個花花世界，再加
上社會也鼓勵年老的人將一些家庭和工作上的責任重擔傳承或轉移給
年輕人，這樣反而可以安享餘年，不再為世俗之事煩心，所以老年人
逐漸從社會撤退。由於年輕健康的老人還體力充沛，活力十足，因此

社會撤退論並不適用於年輕健康的老人，比較適用於年紀大且病弱的老人。

◆活動理論（activity theories）

　　此一理論強調高齡者如果能多參與活動，不把自己隔離起來，才能打破刻板印象的窠臼，克服老年無用的心理，高齡者有潛能創新活動或事業，活躍於社會。一個成功或多彩多姿的晚景是指生理、心理及社會活動的持續，這才是一個完整的生活。

◆角色喪失理論（role exit theory）

　　此一理論指出退休及喪偶是老年人終止其社會制度中所扮演的主角色，即工作（如經理、工人、老師、農人等）與家庭（如先生、太太）的角色。這種終止使老年人因喪失機會參與社會活動、喪失工作機會及婚姻的主要角色而喪志。

◆社會交換理論（social exchange theory）

　　根據社會交換理論，一般人透過在經濟資源、歸屬、安全感、愛及社會的認可以建構互動關係，有所得必有所失，例如參與過多的社會活動，感覺快樂且有成就感但覺得疲勞；愛對方且感受到愛，但有金錢的付出等，老年人會衡量收穫與付出，決定繼續參與或退出社會活動。

(二)老年人的社會地位

1. 有些文化尊敬老人，有些文化排斥老人。以中國古代為例，是一個講究敬老尊賢的社會，老人無論在社會、鄰里或家庭都享有高的社會地位與權威。時至今日，則有逐漸削弱的態勢。
2. 衡量老人社會地位的標準：
   (1)高齡者的貢獻如果高於社會成本則較受到重視：例如為政

者、企業家或其他各行頂尖之老人，如果尚能對社會有所貢獻，必然有較高的社會地位。反之，貧窮潦倒的老人，則較不被重視。

(2)健康的老人有能力掌握自己的資源，將智慧與財產傳承給子孫，自然受到重視；相反地，體弱多病的老人較不受到重視。

七、退休老化階段論

(一)退休生活階段性的變化

　　年老退休後的生活是每一個人未來都會發生的問題，而主要問題包括身體健康以及退休後收入中斷或減少對其生活之影響（林俊宏、王光正、徐慶柏，民99）。退休對老人在生活適應、身體健康、心理調適與社會關係上均有很大的影響。老年人由在職者轉換為退休角色所經歷的幾個階段說明如下：

◆準備階段

　　老年人在此階段出現的心理狀況是忽略退休和退休計畫，但在接近退休時，會讓老人覺悟必須馬上接受退休的事實，於是會出現消極、徬徨，甚至出現不敢面對等否定的行為，做事有計畫的人在退休前幾年（少則幾個月）就開始規劃退休生活，包括財物管理、居住安排、社會角色調整、培養興趣、終身學習計畫等。

◆蜜月階段

　　退休者進入老化歷程是最值得退休者回憶人生的階段，在退休之後的一段時間（少則幾天多則幾個月，因人而異），便進入蜜月階段，沒有工作壓力、沒有上下班的時間壓力、時間安排隨心所欲、每

天安排自己喜歡的事做。此階段的退休者擁有自由自在的退休生活，從繁重的職業角色轉為「無角色的角色」，通常會有無事一身輕的感覺，但蜜月期很快會進入失落階段。

◆失落階段

此階段會出現許多情緒性問題，產生所謂的「角色期望」（role expectation）差距所導致的適應不良情形，退休者一旦新鮮感消失，就進入失落階段。整天無所事事、閒得發慌，看到家人、親友、鄰居忙碌於上班、上課，社會運作正常，會覺得自己彷彿被排除在社會之外的失落感。退休生涯規劃目的就是為了避免此狀況的發生或減輕此時期對老人生活負面的衝擊。

◆重新調整階段

依照自己的健康狀況、財力狀況、生活方式、家人互動模式等現實環境因素，重新規劃自己滿意的退休生活。年長者能塑造出合乎實際生活的角色規範，重新定位自己，經由社會參與融入社會主流中，建立健康的社會互動關係。

(二)影響退休後適應情形的因素

◆對自己工作的喜愛程度

一個人在退休前仍熱愛自己的工作／職業時，退休後的適應會比較差；反之，一個人在退休前已厭倦自己的工作／職業時，退休後的適應會比較好。

◆需要金錢的程度

一個人在退休前已籌足了退休後的生活基金，或者退休後仍有收入（如軍公教的月退俸、老人津貼、老農津貼、利息收入、房租收入、子女奉養金、股票期貨等投資收入……），而這些金錢大致足夠

應付退休後的支出時，適應會較好，反之，適應較差。

◆是自願退休或強迫退休

　　自願退休者由於有心理準備，所以退休後適應較佳；反之，非自願退休（或強迫退休）者，由於仍想繼續工作或心理上還處於抗拒階段，所以退休後的適應較差。

◆是否預先做好規劃

　　一個即將退休者，如果預先做好規劃，退休後想發展事業的第二春、國內外到處旅遊、參加老人大學（或長春學苑等）課程、含飴弄孫、休閒運動養病等，則適應較佳，至於何時開始規劃，應因人因事而異，可以是退休前的三、五年，也可以是退休前的三、五個月；至於退休前沒有規劃者，在退休後常感慌亂，或抱著「休息一陣子再說」的消極態度，以致於終日感到無聊。

◆是否有其他興趣

　　一個退休的老人，如果平日就有一些休閒活動，如看報或雜誌、園藝、下棋、運動、旅遊、看電視或電影、聽音樂或彈奏樂器、唱歌等，退休後適應會較佳；反之則不然。

◆是否有一些常互動的良朋益友或社團活動

　　一個退休的老人，如果平日就有一些良朋益友，一起吃飯、泡茶、喝咖啡、聊天，相約旅遊，參加各種社團活動，如各鄉鎮市區的老人會、晨泳會、登山社等，則適應較佳；反之則不然。

(三)教育程度和工作地位影響退休時機

　　大致而言，教育程度和工作地位越高者，由於薪資高，職位高，且多為勞心工作，體力負荷還可勝任，故愈不急於退休；從事單調、低層次、需要勞力工作的人，由於薪資低，職位低，且多為勞力工作者，體力逐漸無法負荷，故經常希望早點退休。

(四)正向的退休生活

1. 注意自己的飲食與健康：均衡營養的食物可以增強體力，保持身體健康。
2. 從事適當的運動：每天活動筋骨，從事適合自己身體、年齡的運動，可促進身體健康，增強免疫力。
3. 學習新知，與世界同步成長：每天看書報雜誌、專業期刊與書籍，學習新知。
4. 與家人及親友保持良好的互動關係：利用時間與家人聊天聚餐，親友之間也常相互拜訪，增進情誼。
5. 培養老人生活的興趣：可參與一些實用性活動，如學習英語、日語、電腦等；也可參與一些體育性活動，如氣功、太極拳、

外丹功、游泳、槌
球、撞球、羽球、桌
球等；也可參與一些
休閒性活動，如下
棋、唱歌、舞蹈、看
電視等。

6.從事義工的工作，貢
獻自己的智慧與能力：一方面可繼續接觸社會，不至於與社會
脫節；二方面可貢獻自己的心力，自我實現，增進自己之價值
感。

(五)退休者在生活適應上的分類

1.適應良好型：對退休前的大小事件大致沒有遺憾，接受退休的
事實，身體健康狀況還好，經濟無慮，能以輕鬆愉快的心情來
過退休生活。

2.搖椅型：欣然接受老年的到來，認為老化是自然的過程，放心
安養，滿足現狀，採取以退養的姿態而非積極外向行動的退休
者。

3.武裝戰鬥型：抱著不服老，仍然全副武裝繼續先前的事業或去
發展事業的第二春，展現旺盛生命力的退而不休者。

4.適應不良型：常抱怨退休生活，怨天尤人，與親友關係不良的
退休者。

5.自責型：自我譴責，自貶身價，自怨自艾，把自己認為是一個
廢物的退休者。

八、長壽之相關因子

(一)遺傳

父母高壽者，可能帶有長壽基因，子女長壽的機率較大。

(二)飲食

1.脂肪、高膽固醇食物攝取量不要太高，如肥肉、豬腳、蛋類、蝦子、魷魚等。
2.增加蔬菜、水果攝取量。

(三)疾病

1.沒有慢性病：如心臟病、高血壓、糖尿病、胃病。
2.高密度膽固醇（HDL-C）高於55，膽固醇總量少於160。
3.與同年齡的人比較，健康狀況不錯。

(四)生活型態

1.有正常的家庭生活。
2.每天固定的運動時間，合適的運動項目及運動量。
3.已婚優於單身、離婚。
4.沒有重大的壓力事件。
5.每週與好友聚會。
6.每天有休閒活動。
7.生活規律。
8.沒有抽菸（含二手菸）、酗酒。

九、老人的需求

　　李瑞金、林鑫柔（民97）指出，老齡人口日常生活面臨的問題及福利保障層面，包括健康／醫療、人權、就業、教育、經濟、殘障、老年婦女權益、家庭、保健、居住。謝登旺、陳芬苓（民94）認為老人的相關需求包括經濟及補助需求、居住及安養照護需求、人身安全需求、健康服務需求、休閒生活需求、健康服務需求、福利服務與無障礙需求。內政部針對失功能老人日常生活需求調查顯示，總共有四大類十四小項包括：(1)生活照顧服務：身體照顧、家事服務、問安關懷；(2)居家健康管理：居家醫療、身心檢測、健康諮詢、用藥提醒；(3)照顧資源連結：輔具借用與無障礙環境、餐飲服務、交通接送、外出陪同；(4)緊急與安全照顧服務：緊急救援、協尋服務、居家安全（謝楠楨、李明德、周維愉，民97）。沈美真、尹祚芊、李炳南、陳進利、程仁宏（民99）將老人人權分為：(1)經濟保障；(2)健康照護；(3)生活環境；(4)休閒與參與；(5)自我實現；(6)保護與尊嚴六大項。根據上述之文獻，筆者將老人需求整理說明如下：

(一)經濟保障

　　老人應有足夠的經濟能力，以獲得妥適的食、衣、住、行、育、樂、保健與醫療照顧及其他維護基本人權應有之資源與服務；項目為社會救助、生活津貼及特別照顧津貼、年金制度（職業退休給付方案：保險方案之老年給付、財產交付信託、經濟型就業、失能補助）。

　　伴隨著社會的進步與生活形態的改變，國人的平均餘命逐年提升，婦女生育率逐年下降，人口老化日趨嚴重，加以工業化與都市化的發展，產業結構改變，家庭結構轉型，傳統「養兒防老」的觀念，

已逐漸被自立更生所取代，老年人口養老資源逐漸由家庭移轉變遷為社會群體所共同負擔，老人經濟安全保障網的建構愈趨重要（王葉，民93）。現今台灣已逐漸趨向高齡化社會，由於家庭結構的改變，在小家庭制度下，傳統倫理觀念趨於淡薄，如果不能建立一套保障老年人的經濟安全制度，未來無依無靠的老年人勢必大幅增加，不但社會救助成本快速膨脹，國家也將付出極高的社會成本，因此，如何將老人經濟安全保障制度完整化已成為目前最重要之課題。老人大多已經從就業市場退休，失去經濟收入，除了領有退休金或經濟優渥的老人外，大多老人依賴子女的奉養或退休前的儲蓄，但年紀愈老化則醫療費用需求就愈高，如果沒有健康保險或經濟保障，老人往往陷入貧窮與疾病的困境中，如老人生活津貼、老人照顧津貼等都是需要普遍化推行的福利措施。

(二)健康照護

老人應能獲得符合社會文化價值之家庭與社區照顧，有充分的身、心、靈及社會照顧與關懷陪伴，以維護身體、心理及情緒健康，並預防疾病及自殺的發生，能獲得有效與必要的醫療與照護服務，並且符合全人、在地老化及多元連續服務原則之照顧。Yuan等人（2011）指出，家庭支持長者越多，他們患慢性疾病的可能性就越小，因此，加強家庭關係應有助於減少老年人慢性病的患病率。

宋文娟、黃久秦、洪錦墩（民97）指出，台灣地區人口結構老化速度相當快速，人口老化所衍生之各類醫療衛生及社會相關服務之需求，專家認為老人醫學相關的照護團隊，除了醫師外，應包括護理及復健治療人員，整體社會對於老人照顧與醫療之需求，衛生行政主管機關應及早規劃，將老年專科醫師正式納入衛生署體制；加速培養老年專科醫師，重視老年疾病問題。

陳寬政、林子瑜、邱毅潔、紀筱涵（民98）發現高齡化帶來更多

醫療照顧和健康維護的需求，如老人預防保健、老人長期醫療照顧服務、全民健康保險及老人醫療費用補助。

(三)生活環境（含無障礙生活環境、交通及旅遊）

　　以往，一談到無障礙建築或設施，總讓人馬上想到這是為身心障礙者而設計的，然而，自1970年代開始有建築師提出通用設計（universal）之觀念，設法將所有人的需求都納入考慮，即所謂「通用化設計」（universal design）（內政部建築研究所，民98）。就此一概念，老人的生活環境、交通及旅遊應考慮無障礙設施設備，黃志成等（民99）在〈金門縣無障礙生活環境分析研究〉一文即指出：政府應每年編列預算，辦理行動不便者居家無障礙環境改善的規劃設計與執行施工，同時亦針對行動不便者旅遊提出「無障礙旅遊形象商街營造」、「無障礙旅遊示範路線」，期望能讓老人在居家生活、旅遊景點更具便利性。在交通方面，台灣近幾年來購入低底盤公車，台北、高雄捷運和台灣高鐵積極做好無障礙設施，對老人實一大福音，惟博愛公車、復康巴士僅照顧身心障礙者，實有必要擴及老人。此外，Kobayashi、Watanabe、Ohkubo與Kurihara（2011）在日本進行研究後指出，電動輪椅、電動車可以支持長者的移動性與減少環境負擔，故有推廣的必要。

(四)休閒與參與、終身學習與教育及志願服務

　　老人應能獲得適當休閒、娛樂與運動之資源，以維護身心健康，並促進社會參與，參與相關政策的制定，組織老人的團體或行動，與年輕世代分享知識與技能，有機會服務社區與擔任適合其興趣及能力的志工，李宗派（民98）建議，對於大量老人退出生產市場問題，提出延後退休與老人再教育、鼓勵老人從事志工服務，使老人能夠活到

老、學到老、愈不老。

　　老人對於社會參與的動機仍有相當大的意願，因此應協助老人繼續參與社會活動，避免老人快速的與社會脫節，Ozturk、Simsek、Yumin、Sertel與Yumin（2011）指出，增加對活動的參與會提高老人的生活品質。對此，可提供老人各種合宜的休閒活動，李宗派（民98）建議應依據老年期身心發展之不同階段設計不同之教育休閒方案。

　　進行休閒活動時，可以達到生理健康、心理健康與增進社會關係，並且滿足自我實現的需求，得到成就感與自信心。曾振源、鄭佩欣、林錫彬（民99）表示，休閒活動有助於老年人在心理上的調適，一方面有助於正向心理狀態的產生，另一方面有助於舒緩、降低或預防負面心理累積，從身心互動的過程中，直接或間接的獲得心理效益，藉由參與休閒活動可提升個人自我認同感、自決感與社會支持，社交性的休閒活動所提供的社會支持，尤其是情感性的社會支持，能夠幫助老年人有效調適壓力與維持健康，社會支持的情形愈好，老年人的心理幸福滿足及生活品質愈好。

　　鼓勵老人終身學習、廣設社區長青學苑、提供老人人力銀行，讓老人能把自己的專長繼續貢獻於社會。周海娟（民94）表示，老人終身學習應包括幾個基本特徵：

1.就時間、成本與地點而言，終身學習要有高水準的可近性。
2.友善使用者，對於老年學習者應注意適當的速度。
3.調整或調節，應注意教育組成要素間的互動與彼此的連結。
4.終身學習是地方取向的，並認知優先順位的學習。
5.關注特殊勞動市場需求與廣泛的個人和社會利益。
6.強調終身學習取向、管道、方法與內容的多樣性與差異性。
7.鼓勵與協助老人適當的使用新科技。

(五)自我實現

老人應能獲得教育、訓練、文化、宗教的社會資源，有適當的工作，充分發展其潛能的機會，以達到自我實現的目的。李宗派（民94）指出，要支持老人勞動力再訓練（retraining of elderly manpower），因為大量健康之老年人口由工商企業線上退休，或是許多公教人員退休，他們有許多腦力資源、專業經驗、資金來源、商品購買力量以及勞動服務時間。一方面國家社會應善用此一龐大的人力資源，二方面也讓老人仍有自我實現的機會。

(六)安全保護

老人應能免於被忽視、虐待，免於有關年齡的歧視及汙名化，如「依賴人口」，不因年齡、生活型態、生命風格、性別、種族及失能與否，均應受到尊嚴對待；在任何生活、居住及接受照顧、服務與治療的地方，均享有人權和基本自由，包含尊重其尊嚴、信仰、需求、隱私及其對照顧與生活方式的選擇，在尊嚴和安全環境中生活，並自由發展身心。謝登旺、陳芬苓（民94）就指出，安全需求上，子女的關心仍然是最重要的而無法取代。

(七)老人長期照護需求

全球人口老化速度的急增更突顯日益嚴重的老人問題，隨著年齡增長而退化的身心機能為其中主要問題之一。日常生活起居活動逐漸困難，部分老人需人長期在旁照顧，在這樣的情況下，照顧機構能扮演照顧者重要的角色。劉雅文、莊秀美（民95）研究指出，照顧選擇偏好，老人偏好選擇在家照顧，較抗拒機構照顧，家人則偏好機構照顧。隨著社會變遷的種種現象，家庭照護已面臨困境，使得家中老人

有長期照護需求時，家屬必須考慮將老人安置於長期照護機構。機構應重視老人健康的需求，並透過教育訓練活動，提升及強化機構各階層的人力素質與老人多元化服務，並依據老人對照護模式的態度、身體狀態的改變，適時適切提供期待之醫療照護模式，以發展連續性照護，使養護老人能擁有良好的生活品質並安享晚年。依據行政院衛生署（民96）的定義，長期照護的服務方式，依支援單位提供的資源不同，分為居家式、社區式及機構式三種。

◆居家式

1. 家庭照護：是長期照護的骨幹，由家人、朋友或鄰居所提供之非正式性的服務（informal support），一般而言，社區老人以非正式性照護者約占80%。其成本較便宜，是台灣目前最普遍的照護型態，由於較能與家人生活在一起，所以也是台灣老人認為最理想的養老方式。但缺點是：照顧人力不足、照顧者長期身心負荷壓力、照顧品質缺乏專業性及無法提供技術性服務。

2. 居家服務（在宅服務）：自「在地老化」的觀念盛行起，便普遍受到推廣，一般認為居家服務是解決居住在家中需要照顧卻乏人照顧者之照顧問題的良方。居家服務能增強家庭之照顧能力，讓老人能在自己熟悉的環境中生活，居家服務協助這些老人在生活上的種種事務，減輕有老年人口的家庭一個支持的選擇，使老人獲得妥善的照顧。但目前居家照護的補助政策多數是以選擇性的方式在進行，通常只針對中低收入戶及低收入戶提供服務，而那些不具此身分的老年人，必須花費不低的代價才能獲得所需的服務，造成了所謂的福利服務只針對弱勢族群。在過去傳統的農業社會中，家庭是老人居住與獲得照護的場所，但隨著時代的變遷，家庭結構核心化，婦女就業普及化，對於老人的居住照顧必須採取多元化的對策。

居家服務係指由社政單位對失能老人所提供的日常生活的照顧服務，以台北市為例，為使無自理能力老人或身心障礙之市民能在家中得到適當照顧，並紓解家庭在經濟、照顧人力之困擾，台北市政府社會局特委託民間專業機構提供居家照顧服務以嘉惠市民，主要服務內容如下（台北市政府社會局資訊網，民100）：

(1)家庭及日常生活照顧服務：換洗衣物之洗濯與修補、居家環境改善、家務文書服務、陪同或代購生活必需用品、陪同就醫或聯絡醫療機關、其他相關之居家服務。

(2)身體照顧服務：協助沐浴、穿換衣服、進食、服藥、翻身、拍背、肢體關節活動、上下床、陪同散步、運動、協助使用日常生活輔助器具、其他服務。

(3)居家照護：由於人口結構的高齡化與平均餘命的延長，使老人居家照護需求相對提高，同時，因為經濟、社會環境變遷與國人居住習慣改變，老年人雖偏向在家中居住，卻無法受到良好照顧，家庭結構核心化，婦女就業需求量大增，導致家庭所能扮演的照護功能逐漸受到影響。因應特別的照護需求，在民國94年衛生署規劃「特殊照護模式暨失智老人居家照護模式試辦計畫」，居家照護指由衛政單位所提供的居家照護，目前服務以居家護理及醫師出訪為主。居家護理的服務內容包含身體評估、注射、更換或拔除鼻胃管、更換氣切內外管、更換留置導尿管及尿袋，各種尿管、鼻胃管、氣切套管護

理，鼻胃管灌食及技術，膀胱灌洗、膀胱訓練，一般傷口護理、大小量灌腸、檢體之採取及檢查、簡易復健指導，其他有關病人之護理指導（台北市政府衛生局資訊網，民97）。要從老人的角度出發，全力規劃照護服務措施以建構符合人性化的照護服務網絡，為老人積極創造更好的福址，使老人照護成為無所不在、全方位的服務。

◆社區式

1.日間照顧（日間托老）：以台北市為例，日間照顧服務內容包含個案照顧管理、生活照顧服務、協助及促進老人自我照顧能力、辦理老人教育休閒活動、舉辦老人家屬教育方案及支持團體等，服務對象為設籍並居住台北市，年滿六十五歲以上，輕中度失能或失智長輩至少能坐輪椅或使用助行器，經專業人員評估有照顧需求者。

2.日間照護：由衛政單位提供，接受照護者仍居住於家中只有部分時間前去接受治療或照顧。其服務的項目包括復健治療活動、日常生活訓練、醫師定期診視、護理保健照護、均衡營養照護、社會化娛樂活動和身、心、靈整體照護，由醫生、護士、營養、社工、復健等專業人員提供團隊服務及照顧。

◆機構式

1.居住照護（residential care）：居住照護依照Hawes的定義，是指在社區當中的一個限定空間中，群居兩個或以上的無親屬關係的老人，並提供複雜性日常生活活動（IADL）的協助，如洗衣服、備餐、打掃居住環境、監督按時服藥、提供團體活動及運輸等。居住照護在我國現行長期照護體系包括：老人安養服務及老人養護服務。

(1)老人安養服務：申請對象必須符合年滿六十五歲以上，身體

健康行動自如，具生活自理能力者，院內提供居住服務、生活照顧服務、餐飲食供應、疾病送醫、文康休閒活動、聯誼活動。入住須洽社會局（處）及各安養機構。

(2)老人養護服務：申請對象必須符合年滿六十五歲以上，無法生活自理，且無技術性護理服務需求者，院內提供的服務比老人安養服務多增加了護理及復健服務。

2.護理之家（nursing home）：服務對象為罹患慢性病需長期護理之病人與出院後需繼續護理之病人，服務內容為提供各類護理照護、醫師定期診療、物理職能活動、營養評估及生活照顧。

(八)長期照護需求之成因及其內涵

長期照顧服務之所以形成，係為因應多重家庭性與社會性需要因素，綜合形成之種種因素，可歸納如下列（蔡啟源，民99）：

1.人口結構已然高齡化。
2.家庭照顧功能式微。
3.需要被照顧人口增加，照顧花費日益提高，並非每個家庭都有能力負擔。
4.民眾對長期照顧服務內容與形態各有偏好。
5.長期照顧技術已有積極性發展。
6.家有解決國民需要長期照顧服務之責。

　　長期照護是指對失能者或失智者，配合其功能或自我照顧能力，所提供之不同程度之照顧措施，使其保有自尊、自主及獨立性或享有品質之生活，其內涵為：對身體功能障礙缺乏自我照顧能力的人，提供健康照顧（health care）、個人照顧（personal care）及社會服務（social services）。服務可以是連續性或間斷性，但必須針對個案的需求，通常是某種功能上的障礙，提供一段時間的服務。因此長期照護應包含有診斷、預防、治療、復健、支持性及維護性的服務（陳晶瑩，民92）。蘇麗瓊、黃雅鈴（民94）表示，老化是很自然的事情，老化社會已成為我國現在及未來的必然現象，我國老人福利政策發展也逐漸從過去強調機構式照顧，導向更具可近性與人性化的居家及社區化照顧，以期待未來能由政府與民間單位建立更多的合作機制，以推動符合老人需要的福利服務。

參考文獻

內政部社會司（民98）。《老人福利法》。

內政部建築研究所（民98）。《建築物無障礙設施設計規範解說手冊》。
　　台北市：內政部。

王國強（民97）。〈憂鬱症還是失智症？老年人心理健康需注意！〉。
　　《中時健康》。台北報導，97/08/19。

王葉（民93）。〈台灣國民年金之經濟分析〉。佛光人文社會學院碩士論
　　文。

台北市政府社會局資訊網（民100）。〈居家服務〉。網址：http://
　　www.bosa.tcg.gov.tw/i/i0300.asp?l1_code=04&l2_code=16&fix_
　　code=0416011&group_type=1，檢索日期：100/09/05。

台北市政府衛生局保健網（民100）。〈銀髮要樂活　關懷需用心〉。網
　　址：http://www.uho.com.tw/sex.asp?aid=10813，檢索日期：100/09/13。

台北市政府衛生局保健網（民100）。〈銀髮要樂活　關懷需用心〉。網
　　址：http://www.uho.com.tw/sex.asp?aid=10813，檢索日期：100/09/13。

台北市政府衛生局資訊網（民97）。網址：http://www.health.gov.tw/Default.
　　aspx?tabid=193，檢索日期：97/02/17。

台灣失智症協會（民100）。〈認識失智症〉。網址：http://www.tada2002.
　　org.tw/tada_know_02.html#03，檢索日期：100/09/14。

朱秀琴、周植強（民97）。〈運用悲傷輔導於老年喪偶憂鬱患者之護理經
　　驗〉。《護理雜誌》，第55卷，第5期，頁90-96。

行政院衛生署（民96）。《我國長期照顧十年計畫摘要本》（合訂本）。
　　網址：http://www.doh.gov.tw/ufile/doc/，檢索日期：100/11/15。

何怡璇（民99）。〈音樂治療對於改善老年憂鬱之成效初探〉。《台灣老
　　人保健學刊》，第6卷，第2期，頁168 -178。

吳秀琴（民100）。〈珍惜家有一老～分享台南市老人自殺防治〉。《自殺
　　防治網通訊》，第6卷，第1期，頁12-13。社團法人台灣自殺防治學會

暨全國自殺防治中心發行。

宋文娟、黃久秦、洪錦墩（民97）。〈應用德菲法評估台灣未來老人健康議題暨老年醫師之需求〉。《明新學報》，第34卷，第2期，頁355-367。

李宗派（民94）。〈高齡化社會中老人保健之重要角色〉。《社區發展季刊》，第110期，頁66-77。

李宗派（民98）。〈探討溝通概念與技巧「如何與老人和失智症患者保持和諧之關係」〉。《台灣老人保健學刊》，第5卷，第1期，頁1-16。

李明濱、戴傳文、廖士程、江弘基（民95）。〈自殺防治策略推動與展望〉。《護理雜誌》，第3卷，第6期，頁5-13。

李瑞金、林鑫柔（民97）。〈從當前全球老齡核心議題探討我國老人福利法〉。《社區發展季刊》，第123期，頁5 9-70。

沙依仁（民94）。〈高齡社會的影響、問題及政策〉。《社區發展季刊》，第110 期，頁56-67。

沈美真、尹祚芊、李炳南、陳進利、程仁宏（民99）。〈台灣老人人權與實踐之探討專案調查研究報告〉。台北市：監察院。

卓春英（民98）。〈歧視老人　違反人權〉。自由時報電子報，98/01/23。網址：http://www.libertytimes.com.tw/2009/new/jan/23/today-o6.htm，檢索日期：100/09/13。

周海娟（民94）。〈老人福利政策與社會資本建構〉。《社區發展季刊》，第110期，頁205-215。

林正祥、陳佩含、林惠生（民99）。〈台灣老人憂鬱狀態變化及其影響因子〉。《人口學刊》，第41 期，頁67-109。

林俊宏、王光正、徐慶柏（民99）。〈我國人口老化現象與勞動供給預測之分析及其對資產需求變化之影響〉。《長庚人文社會學報》，第3卷，第1期，頁171 - 219。

林美珍、黃世琤、柯華葳（民96）。《人類發展》。台北市：心理出版社。

林雅蘋（民99）。〈老人自殺議題〉。《領導護理》，第11卷，第1期，頁9-15。

林藍萍（民96）。〈老人憂鬱情形：流行病學與防治策略初探〉。《台灣老人保健學刊》，第3卷，第1期，頁53-64。

邱天助（民97）。〈失聲的老人人權宣言〉。教育部人權教育暨資源中心。網址：http://hre.pro.edu.tw/zh.php?m=16&c=1222746545，檢索日期：100/09/13。

邱俐穎（民100）。〈久病、憂鬱　老人自殺死亡人數增7%〉。《中國時報》，100/07/05刊登。

邱淑蘋（民96）。〈老人犯罪被害〉。《犯罪學期刊》，第10卷，第1期，頁1-16。

洪良一（民99）。〈老人失智症的成因〉。國家網路醫院。網址：http://hospital.kingnet.com.tw/essay/essay.html?pid=24405，檢索日期：100/09/14。

洪貴真（民95）。《人類行為與社會環境》。台北市：洪葉文化事業有限公司。

國際生命線台灣總會秘書處（民100）。〈全國生命線99年度個案服務概況〉。《自殺防治網通訊》，第6卷，第1期，頁6-8。社團法人台灣自殺防治學會暨全國自殺防治中心發行。

張佳琪、林佳靜（民98）。〈失智患者拒食行為之倫理相關議題〉。《新台北護理期刊》。第11卷，第2期，頁63-70。

張俊喜、林靜宜、許佩蓉（民96）。〈懷舊治療對護理之家老年住民憂鬱狀況之影響〉。《台灣老人保健學刊》，第3卷，第1期，頁65-82。

張瑋庭、朱基銘、白璐、賴建丞、劉淳羽、林佳欣、洪宇箴、簡戊鑑（民98）。〈台灣1986-2007年自殺死亡趨勢〉。《北市醫學雜誌》，第6卷，第4期，頁269-280。

莊凱迪、蔡佳芬（民97）。〈老年人的憂鬱症〉。《台灣老年醫學暨老年學雜誌》，第3卷，第2期，頁182-190。

陳俊宏、陳鎰明（民97）。〈雲林縣獨居老人休閒活動參與現況之研究〉。中華運動休閒產業管理學會辦理之「運動休閒產業管理學術研討會」論文集，第2期，頁110-120。

陳晶瑩（民92）。〈老年人之長期照護〉。《台灣醫學》，第7卷，第3

期。網址：http://www.gsthome.com.tw/DOWN/%AFS%BF%E8/7312%B3%AF%B4%B9%BC%FC%20_2_.pdf，檢索日期：97/02/15。

陳寬政、林子瑜、邱毅潔、紀筱涵（民98）。〈人口老化、疾病擴張、與健保醫療費用〉。《人口學刊》，第39期，頁59-83。

曾振源、鄭佩欣、林錫彬（民99）。〈休閒調適策略對老年人心理壓力與身心健康之探討〉。國立屏東教育大學體育學系主辦之「2010年第三屆運動科學暨休閒遊憩管理學術研討會」論文集，頁116-127。

黃正平、歐陽文貞、郭依雯（民100）。〈老人自殺防治——從認識、篩檢與轉介老年憂鬱症做起〉。《自殺防治網通訊》，第6卷，第1期，第3頁。社團法人台灣自殺防治學會暨全國自殺防治中心發行。

黃志成、王麗美、王淑楨（民100）。《身心障礙者的福利服務》。台北市：亞太圖書公司。

黃志成等（民99）。〈金門縣無障礙生活環境分析研究〉。金門縣：金門縣政府建設局。

黃志忠（民99）。〈社區老人受虐風險檢測之研究：以中部地區居家服務老人為例〉。《社會政策與社會工作學刊》，第14卷，第1期，頁1-37。

廖婉君、蔡明岳（民95）。〈老人虐待〉。《家庭醫叢》，第21卷，第7期，頁183-186。

劉雅文、莊秀美（民95）。〈探討失能老人家庭選擇長期照護福利服務之決策過程——老人自主權之分析研究〉。《東吳社會工作學報》，第14期，頁91-123。

劉碧素、黃惠璣（民98）。〈綜觀老人家庭照護與孝道〉。《護理雜誌》，第56卷，第4期，頁83-88。

劉慧俐（民98）。〈台灣地區老人自殺之流行病學分析：1985-2006〉。《台灣衛誌》，第28卷，第2期，頁103-114。

蔡啓源（民94）。〈老人虐待與老人保護工作〉。《社區發展季刊》，第108期，頁185-199。

蔡啓源（民99）。〈我國長期照顧服務之檢視〉。《社區發展季刊》，第129期，頁410-425。

蔡麗紅、鄭幸宜、湯士滄、黃月芳（民99）。〈老人歧視〉。《長庚護理》，第21卷，第2期，頁165-171。

盧素真、陳世宜、黃淑珍、蘇玲華（民99）。〈血液透析病患睡眠障礙，憂鬱程度及其生活品質的分析探討〉。《護理暨健康照護研究》，第6卷，第1期，頁33-43。

謝登旺、陳芬苓（民94）。〈老人福利需求調查與政策意涵——以桃園縣為例〉。《社區發展季刊》，第110期，頁314-320。

謝楠楨、李明德、周維愉（民97）。〈失能者智慧化居家照顧之規劃〉。內政部委託國立台北護理學院研究報告。

鍾明勳、林佳吟、龔姵瑜、賴怡玲（民100）。〈南區精神醫療網自殺防治規劃〉。《自殺防治網通訊》，第9卷，第1期，頁8-11。社團法人台灣自殺防治學會暨全國自殺防治中心發行。

關嘉慶（民100）。〈老人自殺死亡率　各年齡層之冠〉。中華日報醫藥網。100/09/12。網址：http://care.cdns.com.tw/20110905/med/yybj/733780002011090420223475.htm，檢索日期：100/09/13。

蘇麗瓊、黃雅鈴（民94）。〈老人福利政策再出發——推動在地老化政策〉。《社區發展季刊》，第110期，頁5-13。

Cumming, E., Henry, W. E. (1961). *Growing Old: The Process of Disengagement.* New York: Basic Books.

Erikson, E. H. (1982). *The Life Cycle Completed: A Review.* New York: Norton.

Evren, B. A., Uludamar, A., Iseri, U., & Ozkan, Y. K. (2011). The association between socioeconomic status, oral hygiene practice, denture stomatitis and oral status in elderly people living different residential homes. *Archives of Gerontology and Geriatrics, 53*(3), 252-257.

Havighurst, R. J. (1972). *Developmental Tasks and Education* (2nd ed.). New York: Longmans, Green.

Kobayashi, K., Watanabe, K., Ohkubo, T., & Kurihara, Y. (2011). A Lane detection algorithm for personal vehicles. *Electrical Engineering in Japan, 177*(4), 23-32.

Koester, K. J., Barth, H. D., & Ritchie, R. O. (2011). Effect of aging on the transverse toughness of human cortical bone: Evaluation by R-curves. *Journal of the Mechanical Behavior of Biomedical Materials, 4*(7), 1504-1513.

Marquardt, G. (2011). Wayfinding for people with dementia: A review of the role of architectural design. *Herd-Health Environments Research & Desing Journal, 4* (2), 75-90.

Melding, P., & Osman-Aly, N. (2000). "The view from the bottom of the cliff." Old age psychiatry services in New Zealand: The patients and the resources. *New Zealand Medical Journal. 113*, 439-442.

Ozturk, A., Simsek, T. T., Yumin, E. T., Sertel, M., & Yumin, M. (2011). The relationship between physical, functional capacity and quality of life (QoL) among elderly people with a chronic disease. *Archives of Gerontology and Geriatrics, 53*(3), 278-28.

Trentini, C. M., Chachamovich, E., Wagner, G. P., Muller, D. H., Hirakata, V. N., & Fleck, M. P. D. (2011). Quality of life (QoL) in a Brazilian sample of older adults: The role of sociodemographic variables and depression symptoms. *Applied Research in Quality of Life, 6*(3), 291-309.

Yuan, S. C., Weng, S. C., Chou, M. C., Tang, Y. J., Lee, S. H., Chen, D. Y., Chuang, Y. W., Yu, C. H., & Kuo, H. W. (2011). How family support affects physical activity (PA) among middle-aged and elderly people before and after they suffer from chronic diseases. *Archives of Gerontology and Geriatrics, 53*(3), 274-277.

社工叢書 36

人類行為與社會環境

作　　者 / 王淑楨、黃志成
出 版 者 / 揚智文化事業股份有限公司
發 行 人 / 葉忠賢
總 編 輯 / 閻富萍
特約執編 / 鄭美珠
地　　址 / 22204 新北市深坑區北深路三段 260 號 8 樓
電　　話 / (02)8662-6826
傳　　真 / (02)2664-7633
網　　址 / http://www.ycrc.com.tw
　E-mail　/ service@ycrc.com.tw
印　　刷 / 鼎易印刷事業股份有限公司
　I S B N　/ 978-986-298-036-1
初版二刷 / 2014 年 9 月
定　　價 / 新台幣 320 元

國家圖書館出版品預行編目（CIP）資料

人類行為與社會環境／王淑楨，黃志成著. --
初版. -- 新北市：揚智文化, 2012.04
面；　公分. --（社工叢書；36）

ISBN 978-986-298-036-1(平裝)

1.社會心理學　2.人類行為　3.社會環境

541.75   101005399